浙江省博物馆

ZHEJIANG PROVINCIAL MUSEUM

《匠心——吕世良珍藏历代工艺品精选》展览图书编委会

总 策 划：陈　浩

执行策划：钟凤文

内容设计：吕世良

形式设计：王　炬　曾　莹

展品选审：陈　浩　柴眩华　钟凤文

图录撰文：钟凤文

英文翻译：徐雪英

举办单位：浙江省博物馆

协办藏家：吕世良

展览时间：2017年10月31日—11月30日

展览地点：浙江省博物馆孤山馆区精品馆

匠心

吕世良珍藏历代工艺品精选

ORIGINALITY

A GEM COLLECTION OF HANDICRAFTS OF PAST DYNASTIES BY LV SHILIANG

浙江省博物馆 编

文物出版社

序

百工之事，皆圣人之作也！

这是《考工记》对先辈工匠的赞叹。古人从打制石器开始，制造出各种生产生活用具，从简单的物理加工到掺和了化学变化的复杂制造，无不体现对事物理解的匠心。时至战国，齐国的官营手工业已有木工、金工、皮革、染色、刮磨、陶瓷等六大类30个工种，每个工种都有天时、地气、材美、工巧的讲究，处处体现了工匠的智慧。早期这种近于"道"的百工匠心也常为圣人所称道，当过漆园小吏的庄子在其著作中记录了两个匠人的故事"庖丁解牛"和"轮扁斫轮"，前者是对通过反复实践来掌握事物的客观规律，达到得心应手、运用自如的手艺的赞美；后者以"得之于手而应于心，口不能言"的匠心来批判其视为糟粕的圣人圣言。两个故事都揭示了一个道理：匠心是口不能言、手不能传的，要在不断的实践中"悟"出来的。在汉代，《考工记》被编入《周礼》，其涉及先秦时代的制车、兵器、礼器、钟磬、炼染、建筑、水利等手工业技术的百工智慧，被奉为经典，世代相传。

科举制的出现，读书、应试、做官变成了文人们追求的人生目标，"齐家治国平天下"是永恒的理想，以文人为核心的官僚阶层视"百工之事"为雕虫小技，竭力排斥工匠为官，工匠地位日渐式微。但是"尔曹身与名俱灭，不废江河万古流"，百官已逝，百工却因为一件件被珍藏保存下来的精美器物而为后人称道和学习。人们赞美其雅俗共赏的手艺，品味着其中的匠心，琢磨着精湛技艺的复活。

吕世良，日信集团董事长，工作之余，雅好收藏百工之物，那些烙有百工匠心的器物，常常令他爱不释手。由于工作关系，吕先生经常接触一些有传统艺术修养的匠人，在与艺匠们的交往中，了解到了许多传统手艺的精妙，也收藏了这些工艺美术大师传承与创新的得意之作，其中许多作品都是获得国家、省市大奖的力作。经年累月，吕先生的收藏亦颇具规模，此番萃取其部分藏品，由我馆专业人员编撰《匠心——吕世良珍藏历代工艺品精选》一书以飨广大收藏爱好者，同名展览也将于10月下旬在孤山馆区与广大观众见面。

浙江省博物馆馆长

陈浩
2017年8月

Works of artificers are works of saints!

Artificers' Record is a book eulogizing ancestor artificers. Our forefathers progressed from chipping stone implements to creating various production and living utensils; and the progress from simple physical processing to sophisticated manufacturing blending chemical changes was the epitome of our forefathers' ingenious understanding of objects. During the Warring States Period, there were already about 30 types of work in six categories, namely, woodworking, metalworking, leather, dyeing, scraping and ceramics in the Qi State, and every type of work, with meticulous attention to favorable climatic and geographical conditions, excellent materials and superb craftsmanship, showed the wisdom of artificers. Such kinds of "artistic" handicrafts with ingenuity in ancient times were frequently lauded by saints. Zhuang Zi, who used to be an official in charge of house painting, told two stories about artificers, "dismembering an ox as skillfully as Paoding, a butcher" and "making wheels by magically chopping wood with knives" in his work, the former one praising the free and proficient craft after repeated practice to master the objective laws of things, and the latter criticizing the scanty holy words of saints with the idea of "real crafts should be mastered through repeated practice and cannot be expressed in words", which meant artistic craftsmanship can only be "enlightened" with unremitting practice instead of only with words or teaching. In the Han Dynasty, Artificers' Record was compiled into The Rites of Zhou, a comprehensive classic passing down for centuries involving the wits of artificers in making carriages, weapons, ritual objects, bells and chimes, scouring and dyeing, architecture and hydraulic engineering, etc.

What went along with the imperial examination system were the life goals of the literati to study hard, take examinations and become officials and their everlasting ideal of "managing a family, ruling a nation and creating a peaceful world". Therefore, the bureaucratic class with literati as the core despised "craftsmanship of artificers" as insignificant skills or small tricks and excluded them out of officialdom; consequently, the status of craftsmen was on the decline. However, though "the names and bodies of great minds perished, long rivers were still running ceaselessly", which meant, though they died long ago, those proficient craftsmen were extolled and followed by later generations for their exquisite artifacts preserved so far. By admiring the craftsmanship of both refined and popular tastes, we taste the ingenuity and wonder at the resurrection of superb skills.

Lv Shiliang, president of Rixin Group, was a fond collector of handicrafts in his leisure time, so these objects with the conscientious efforts of artificers were apples of his eye. Mr. Lv made frequent contact with the craftsmen with traditional artistic cultivation and accomplishment in his work. During their contact, he not only learned about the sophistication of many traditional crafts, but collected the masterpieces of these masters of arts and crafts after inheritance and innovation, among which, many were awarded national, provincial and municipal prizes. Over the years, Mr. Lv has had a considerably large collection and some gem items were compiled into Ingenuity—Originality—A Gem Collection of Handicrafts of Past Dynasties by Lv Shiliang by the professionals of Zhejiang Provincial Museum to satisfy the lovers of collections. Meanwhile, the exhibition with the same name is to be unveiled in the Gushan Branch of ZPM in October.

PREFACE

August 2017

Chen Hao

Curator of Zhejiang Provincial Museum

匠，《说文解字》释为"木工也，从匚斤。斤，所以作器也。"清段玉裁注："百工皆称工，称匠，独举木工者，其字从匚也。以木工之称引申为凡工之称也。"《考工记》里匠人专指营造城池（营国）的工人，当然是最有心机、会规划布局的工人。所以，后来将"精思巧构"称为"匠心"，别出心裁的好产品往往誉之为"匠心独运"，或"独具匠心"。匠心是工匠的灵魂，有时候表现为创造发明，"知者创物，巧者述之，守之世，谓之工。百工之事，皆圣人之作也"。知者应该首先是一个善于动手的工匠，他的创造发明为后来工匠遵循，并"守之世"。守之世的工匠也需要匠心，表现形式为不可言传的实践经验，也就是熟能生巧的技艺，如庖丁解牛、轮扁斫轮等，这在传统手工业中表现得尤为突出。在封建帝制时代，宫廷审美意识主导着整个社会，工匠是不可以随心所欲地发挥的，必定受到思想上、审美上、制度上的制约，必须戴着镣铐跳舞。因此，匠心表现为材料的合理安排、制作时间的把控、产品的精益求精等。每一件遗世的精美文物，都是匠人用"心"来制作的，承载着工匠的匠心。下面我们就从人类活动最容易接触的木、石类文物和中国人发明的漆器来梳理一下祖辈的匠心之举。

———

人类文明的进步，处处都体现了匠心。人类最先接触到的最坚硬的物质就是石头，石头崩裂后锋利的碴口，触发了原始人类的灵犀，于是，砸打出称手的石器，用割、砍、剁来加工相对较软的植物和动物，形成了原始的生产力。

人类为了生存而开展的各项活动，促进了智力的发展，人类发现了"他山之石，可以为错"、"他山之石，可以攻玉"，这种用他山之石磨制的石器，更美观、更好用、更精细。这种新型的石器是当时主要的生产生活工具，因此，学者们将此一时期称为新石器时代。新石器时代不但石器生产用磨制技术，还将更漂亮的石头——玉从众多的石头中分离出来，用更坚硬的他山之石和解玉砂来加工美玉，通过线切割、锯切割、管钻、细阴线刻、浮雕、镂空透雕、打磨抛光等琢玉技术，使之成为漂亮的装饰品和庄严的祭祀礼器。红山文化、凌家滩文化、良渚文化从北到南是此时玉文化的代表。良渚文化的细阴线刻已达鬼斧神工，特别是琮（图1）、钺等重要礼器，加工时内心一定充满原始崇敬心，用心在坚硬的玉石上以游丝般的阴线刻画瑰丽的

图 1　良渚文化　玉琮

图2 清玛瑙黑白俏色双獾挂件

纹饰。

玉在夏商周三代时被纳入礼的范畴。被汉代人编入《周礼》的《考工记》记载了礼玉制度，圭是天子"以朝诸侯"的；土圭是"以致日，以土地"的；圭璧"以祀日月星辰"；璧琮"诸侯以享天子"；牙璋"以起军旅，以治兵守"。琢玉的工人为百工之一，包含在"刮摩之工"中。琢玉工艺也进一步提高，至少在商代已能加工比较坚硬的和田玉了，妇好墓出土的大多为和田玉，使用先进的砣具雕琢，刻双阴线较多，或以双阴线表示阳线，众多的线条使整件玉雕异常华美。商代的玉工已比较注意材质选择，已经懂得利用玉的天然异色作俏色处理。（图2）掏雕活环工艺装饰玉器也在此时出现，江西新干大洋洲商代遗址曾出土一件叶腊石雕成的神人像，其冠部有掏雕的三活链，是现今发现的最早的掏雕活环工艺，成为乾隆时期流行的活链工艺之滥觞。（图3）

周代是讲"礼"的时代，佩饰玉比较多，以线将玉璜、玉管、玉珠等串联成组佩，身份愈高，玉璜愈多，组佩愈长，行动愈不方便。这是周礼的体现，要求走得慢，让组佩互击的声音合乎音律，以反映内心的恬静。但这种繁复的礼制在列国争霸的东周后期已不合时宜，礼崩乐坏，礼玉不复生产。湖北随县战国曾侯乙墓出土的由5块玉雕琢而成的十六节夔龙蛇纹玉佩，其中有4个银挺玉插入将五部分连接，拆卸银挺玉之后便成为5块长度不同、环片多少不等的连环玉佩，每一节的连环均可活动，间隙极小，是战国时期的匠心玉作。

玉佩的夔龙蛇纹均用隐起阴线琢法，起伏自然，为战国本色玉作技艺。

视死如生的厚葬之风影响着整个两汉时期，其中最为突出当属葬玉、玉具剑的饰玉。西晋葛洪在《抱朴子》中说："金玉在九窍，则死人为不朽"。葬玉是专门为保护尸体而制造的随葬玉器，主要有玉衣、玉琀、玉握、九窍塞、玉枕、玄璧和镶玉棺等。玉衣又称玉柙，用金丝、银丝或铜丝将两三千片打磨平整的玉片缀连成衣服，即金缕玉衣、银缕玉衣和铜缕玉衣，将尸体从头到脚包裹起来，这是汉代用玉量最大的玉制品。九窍塞置于五官、肛门和阴茎，这类玉器往往打磨平整，不精雕细琢。玉握（多为猪形）和玉琀（多为蝉形）以简练的深刀刻划，后人称之为"汉八刀"。玉具剑的饰玉包括剑首、剑格、剑璲（图4）、

图3 20世纪玉链提梁兽面纹瓶

图 4　宋 – 明白玉红沁兽面纹剑璏

剑璏，有传承战国的高浮雕，也有细如游丝、刚劲有力的阴线雕，即俗称"游丝毛雕"，与粗犷利落的"汉八刀"形成天壤之别。两种工艺看似简单却极难摹仿，是汉代琢玉工艺的代表。

唐代玉器出土比较少，最多的就是玉带，西安何家村窖藏出土了十副玉带，带板面多为减地浮雕伎乐纹和狮纹等，并没有显示出出类拔萃的琢玉工艺。唐代玉作另一个特点是喜好用黄金配饰玉器，如何家村同出的白玉金扣臂钏、兽首镶金玛瑙杯；长安县唐墓出土的金玉宝钿腰带，也采用了镶金工艺，带板的金饰中间还嵌宝石。白玉和黄金在唐代低级官吏和老百姓是禁止使用的，这种金镶玉作虽然工艺讲究，没有多少创新，不过是显富摆贵罢了。

宋辽金玉器在工艺上有所突破，多层镂空透雕工艺为这一时期特色。如故宫博物院藏的松下女仙图玉嵌件，北京丰台乌古伦墓出土的金代荷叶龟游佩，辽金特色的春水秋山玉，以及流行的玉帽顶（俗称炉顶）等，都用这种雕琢手法来表现自然的花草鸟禽。元代继续沿用镂空透雕的技法，只是施刀更加深峻，立体感极强。

宋代还有一种被称为"徽宗玉"的微雕玉作，（图 5）徽宗玉的材质都比较白润，雕琢成八棱玉管（或勒子）、钺、圭、璋、钟等仿古玉件，再在玉件上微雕佛经和诗文，字体小的不及芝麻，用阴线双钩微雕，线如毫毛。从文字上遗留的金粉看，当初所有的字体上都是填金的，是当时漆器上流行的戗金工艺在玉作上的反映。落款多为宋徽宗宣和、政和年号，并落"修内司玉作所虔制"。北京首都博物馆、大英博物馆、剑桥大学费兹威廉博物馆和浙江慈溪玉蕤阁均有收藏，为微雕艺术之滥觞，但后来的微雕都不及玉器上雕刻的难度大。

玉雕经过宋代的世俗化发展，明清时期在苏州、扬州等手工业发达的城市形成了专事玉作的市场，如苏州的专诸巷，那里有明代晚期最著名的碾玉高手陆子冈，他创制的减地浅浮雕山水人物诗文牌，极有文人气，此后变成了文人佩玉的标配，流行于有清一代，统称为"子冈牌"。（图 6）

清代还有一种去料最少的雕法称"薄意雕"，一般雕刻的原材料都比较高级，所以并不刻意铲地留边，而是根据需要很浅地雕刻，剔去原料，表现纹样。薄意雕最初出现在玉雕上，后来被广泛使用在昂贵的田黄石上，大多数随形田黄章或摆件都采用薄意雕法。薄意雕不能施刀，要表现山水的层次、褶皱，只能慢慢地碾，故雕的难度较大，是清代玉作的创新之举。（图 7）

清中期，乾隆帝两次平定了准噶尔部和大小和卓的叛乱，直接统治了新疆地区，从乾隆二十四年到嘉庆十七年，玉料作为赋税每年春秋两次输入京城，充裕的玉料使玉作工艺迎来了一个新的高峰，特别是大型玉作，除北京团城的元代渎山大玉海，历史上很少

图 5　宋白玉微雕心经八棱勒子

出现。乾隆时期玉雕山子、仿古青铜的炉、鼎、提梁卣等大件玉雕大量地被雕琢出来，（图8）在中国历史上是绝无仅有的。最具代表的是琢成后尚有一万多斤的大禹治水图玉山子，这种大型玉山子宫廷造办处也加工不了，需运到扬州加工，体现了清代扬州工匠的琢玉水平。宫廷造办处玉作所生产的仿痕都斯坦玉作，也是颇见功夫的。痕玉往往胎壁很薄，外壁满雕纹饰，有些还镶红宝石，玲珑剔透，华美异常。

二

树木也是原始人类最容易、最早接触的事物之一，果树上的果子可以充饥解渴，燧人氏钻燧木取火，大树下避雨乘凉，树木冲到大河里能漂浮等等，都会激发古人的灵感。距今八千年的萧山跨湖桥遗址出土了新石器时代早期的独木舟，是由整根大原木掏挖出来的，同时出土的还有制作工具和木桨，这是世界上年代最早的独木舟，也是现今发现的最早的木工产品。《考工记》说："作车以行陆，作舟行水，此皆圣人之所作也"。

建筑是反映整体构思的大型综合体，最能体现了史前人类的营造匠心。河姆渡文化时期，居住地周围河沼密布，为防潮防湿，躲避虫害，河姆渡人设计了栽桩架板高于地面的干栏式建筑。即以一排排桩木为支架，上面架设大小梁承托地板，构成高于地面的架空基座，再于其上立柱、架梁、盖顶等。从单体看，

当时普遍采用连间长房子形式，其中最长一栋房屋面宽达 23 米以上，进深 7 米，房屋后檐还有宽 1 米左右的走廊过道。房子的门开在山墙上，朝向为南偏东 5°～10°。它在冬天能够最大限度利用阳光取暖，夏季则起到遮阳避光的作用，这种建房理念一直沿用到现代。河姆渡遗址出土的许多桩柱、立柱、梁、板等建筑木构件，上有加工成的榫、卯（孔）、企口、销钉等，显示了最初的大木作技术。这些木作技艺，从最早在河姆渡文化出现，也一直沿用至今，彰显了史前人类智慧的生命力。干栏式建筑是中国长江以南新石器时代以来的重要建筑形式之一，表明了人类告别穴居，走向定居的农耕文明。

夏商周是手工业百工形成的时期，成书于战国时期的《考工记》对"百工"做了很好的总结。何谓"百工"？"审曲面执，以饬五材，以辨民器，谓之百工。"即审视五材，加工五材，以备民之所需。战国时期，齐国的官营手工业已有攻木、攻金、攻皮、设色、刮摩、搏埴等六大类30个工种，百工与王公、士大夫、商旅、农夫、妇功同为"国有六职"，其位在士大夫之后。由此看来，至少是春秋战国时期百工的地位比较高的，所受束缚比较少，能充分发挥聪明才智。如木匠的祖师爷鲁班，仅因茅草划破皮肤而发明了锯子，这小小的发明却极大地推动了木作生产力的发展。据说现在手工用的钻、刨子、铲子、曲尺，画线用的墨斗，都是鲁班发明的。再如精通木作机械的墨翟。有《墨经》

图6　清白玉山水人物诗文子冈牌

图7　20世纪田黄石薄意雕赤壁夜游图长方章

图8　清玉雕寿字耳六方瓶

图9　战国镂空复合八龙纹镜

遗世，其中的几何光学知识，阐述了影、小孔成像、平面镜、凹面镜、凸面镜成像的原理，还说明了焦距和物体成像的关系。这对铜镜由巫师掌控的法器转变为照面容妆的实用镜关系重大，直接影响了照面铜镜在战国时期开始大量生产，（图9）并在汉唐推向顶峰。鲁班和墨翟都是经验丰富的手工业者，也就是工匠，他们善于匠心巧思，感悟物理，动手解决实际问题的能力极强，是创造性地工作，并非简单的完成任务而工作。

攻木之工，就是木匠，是夏商周三代时最重要手工业者，《考工记》曰："攻木之工：轮、舆、弓、庐、匠、车、梓"，轮人是专门制造车轮和车盖的；舆人是专门制造车厢的；弓人是专门制造弓箭的；庐人是专门制造戈戟类兵器长柄的；匠人是专门营造宫室、城郭和沟洫的；车人是专门制造大车、羊车和耕耒的；梓人是专门制造钟磬木架、饮器和箭靶的。文明时期最重要的城池、战车和坐车均要以木工为主来完成。所以《说文解字》说匠指木工，后引申泛指工匠。

三代时战争主要靠战车，车是当时最重要的手工活，《考工记》曰"故一器而工聚焉者，车为多"。其中主要是木工活，轮、舆、车人包揽了主要的木作。此时制作器物已考虑得非常周详了，《考工记》云："天有时，地有气，材有美，工有巧，合此四者，然后可以为良"。做一辆好的车子，材料非常重要，天时、地气对材料影响很大，所以要求"轮人为轮，斩三材必以其时"。就是采伐毂、辐、牙的木材一定要适时。《周礼·地官·山虞》曰："仲冬斩阳木，仲夏斩阴木"，这样才坚致适用。轮毂取材讲究更大，"凡斩毂之道，必矩其阴阳。阳也者，积理而坚；阴也者，疏理而柔。是故以火养其阴，而齐诸其阳，则毂虽敝不蒿"。轮毂是车辆的承重、转动的重要部件，车辐和车轴都在此汇合，所以取材要辨其阴阳，阳面木质密而坚，阴面木质疏而软，要用火烤养其阴，使木质和阳面一样坚致，这样，车毂虽然旧了也不会缩耗不平。说明当时的工匠对材料的物理已了解得非常透彻。

《考工记》用了四分之一的篇幅来详解车的制造，但对"工有巧"不能言尽其详，因为其中有不能言传的手艺。《庄子·天道》记载有"轮扁斫轮"的故事，轮扁就是制造车轮的名匠，他斫轮"不徐不疾，得之于手而应于心，口不能言，有数存乎其间"。他的心手相应技术是日积月累的娴熟，是对各种不同材质长期的感知，是人和称手工具的合一，是对加工对象物理的心领神会，自然不能用语言表达的，也就不能传给儿子，所以他70岁了还在斫轮。当时的百工一辈子就做一项工作，天长日久的磨炼，使得技近乎道，不可言说的道，这可能就是所谓的"匠心"吧！

中国宫殿大宅建筑一直是木结构，所以在营造上一直以木匠为主，宋初，杭州工匠喻皓根据实践经验编写了《木经》一书，《木经》是一部关于房屋建筑方法的著作，也是我国历史上第一部木结构建筑手册。喻皓擅长造塔，在著作时，努力找出各构件之间的相互比例关系，对于简化计算、指导设计、加快施工进度是很有帮助的，也是把实践经验上升为理论的有意义的尝试。宋崇宁二年（1103年），李诫在喻皓《木经》的基础上编成《营造法式》，这是北宋官方颁布的一部建筑设计、施工的规范书，是我国古代最完整的建筑技术书籍，标志着中国古代建筑已经发展到了

图10　清乾隆楠木嵌景泰蓝宫殿式佛龛

较高阶段。也是从此开始"攻木之工七"合并为大木作和小木做，大木作营造对象是梁柱构架等建筑结构，工人称为匠人；家具、车舆、雕花饰板等雕文镂刻的都属于小木作，工人称为梓人。（图10）

宋代的大木作现今还能看到非常精彩的实例，江南的如宁波报国寺；北方的有山西应县木塔，都是《木经》和《营造法式》的活教材，展现了宋代木匠的智慧和才能。明代一脉相承的大木作要数北京故宫的营造了，其建筑统领是苏州香山人（今胥口镇）蒯祥，他曾读过几年私塾，有一定的文化修养。而他的技艺更是了得，木匠、泥匠、石匠、漆匠、竹匠五匠全能。《吴县志》记载，他精于建筑构造，"略用尺准度……造成以置原所，不差毫厘"。朱棣迁都北京，从江苏招募了大批能工巧匠前往。蒯祥也被征召入京。不久，蒯祥的才能获得当时负责皇宫营建的都督金事的赏识，于是被委以重任，由他设计了三大殿、天安门等一批重要的皇宫建筑。蒯祥一时声誉鹊起，皇帝也"每每以'活鲁班'呼之"。蒯祥最后官至工部侍郎，成为天下百工的总领头，这大概是秦始皇一统天下以后工匠能做到的最大官了，这在"万般皆下品，唯有读书高"的封建社会着实不易。由于香山匠师手艺精绝，被称为"香山帮"，蒯祥尊为鼻祖，这是明清以后中国传统建筑的重要流派。

宋代的小木作也应该是比较发达的，《营造法式》里有许多木雕花板的样式，都是建筑里的配饰，对明清东阳木雕有很大的影响。宋代还有一项小木作被大木作冲淡了，就是家具。宋代家具已经非常完备了，这从宋画中可窥一斑。如赵佶的《文会图》，大案、小案、坐具一应俱全，应该有强大的制作团队为其生产。金末元初，山西万荣县木匠薛景石根据自己的实践经验编写了《梓人遗制》，所述都是小木作的马车和各种纺织机，元代段成已评为"分布晓析，不啻面命提耳而诲之者"。

明清小木作的遗存比较多，家具、建筑和家具上的雕花板、文房用具、案头摆件等蔚为大观。明式家具是中国古代家具的经典，注重材美、工巧，所用大多是黄花梨、紫檀、杞梓木等硬木，质坚纹美，不事

图 11　清末民初 宁波万工花轿

雕琢自然有一种静穆的美。在制作上榫卯严密精巧，造型简练典雅，还不失使用上的舒适。明式家具以苏工为正宗，晚明苏州人文震亨的《长物志》或许反映了这种审美的取舍，《长物志·卷六》："几榻……今人制作，徒取雕绘文饰，以悦俗眼，而古制荡然，令人慨叹实深"；"榻……他如花楠、紫檀、乌木、花梨，照旧式制成，俱可用"。苏州人文底蕴深厚，文震亨的观点实际上是宋代文人简约沉静、精致典雅的审美取向的反映。

"雕绘文饰，以悦俗眼"是明代以来整个社会建筑、家具装饰的真实写照，浙江、安徽、江西等南方地区的建筑普遍以雕梁画栋为豪饰，床榻家具也以"千工"、"万工"比雕饰。（图11）这种家具多为樟木、白木，木材价格比较便宜，木质较软，亦无漂亮的纹理，只能以雕绘文饰来养眼。在这一波建筑装饰大潮中，浙江宁绍地区和东阳的木匠知名全国，特别是东阳木匠无论是建筑构件、房舍门窗的镂雕，还是床柜桌椅的雕刻，都以细腻生动见长。其中的清雕花板与玉雕子冈牌的浅浮雕异曲同工，成为现在收藏市场的香饽饽。

现在的东阳市是我国的建筑之乡和木雕之乡，随着人们生活水平的提高，商品的产业化发展，其建筑、家具的手工木雕日益减少，陈设的挂屏、座屏、大型摆件日益增多，名气也越来越大，还涌现了冯文土、

陆光正等一批木雕大师。现在，一些新锐的木雕艺术家，不甘于软木的雕刻，着眼于质坚纹美的硬木雕刻，亚太手工艺大师冯文土和木雕状元徐永平就是其中的佼佼者，他们创作的紫檀、黄花梨木雕摆件多次获奖，为收藏家们所青睐。（图12）

三

漆器，也是我国先民对人类文明的一大贡献。漆树原产于我国，先民们早在新石器时代就发现漆树的汁液涂抹于器物表面，能使器物更坚致、美观，并具有耐潮、耐高温、耐腐蚀等特性。1978年在浙江河姆渡遗址第三文化层中，发现了距今六七千年河姆渡人生产的木胎朱红漆碗，漆面微有光泽，朱红色是因为调和了朱砂的缘故，与使用黑色原漆相比，工艺更进一步，当不是髹漆工艺的源头。20世纪九十年代和21世纪初，浙江省文物考古工作者对萧山跨湖桥遗址进行了三次发掘，出土的文物中有一件漆弓，经测定是距今八千年的跨湖桥人制造的，是目前已知的世界上最早的漆器，将漆器的出现提前了一两千年，但也很难说这就是源头。

战国时期礼崩乐坏，加之诸侯争霸，青铜大多拿来制造兵器了，青铜生活器用渐为漆器所替代，漆器成为战国至汉代最具代表性的手工业产品，迎来了漆工史上第一次大发展时期。漆器与铜器、陶器、木器等相比有明显的优势，轻便、坚致、防潮、防腐，彩绘纹饰比刻印装饰更加方便且华美。因此，漆器成为当时王公贵族主要的生活器具，并垄断成为其奢华生活的组成部分，作为重要财富而占有。根据西汉桓宽《盐铁论》记载"夫一文杯得铜杯十"，即一件有花纹的漆杯相当十只铜杯，有人测算十只铜杯的价钱在东汉可以买一亩地。诸侯王大多有自家的漆树园，庄子就曾经当过漆园小吏。髹漆业也是官方重要的手工部门，《考工记》记载"设色之工"的"画"可能就是髹漆工人。髹漆并不是每一个人都可以从事的职业，漆很容易致敏，所以从业者必须先过是否对生漆过敏这一关。

此时的髹漆仍然是以黑色和朱色为主，红地黑漆彩绘、黑地红漆彩绘是主流产品。一些重要器物彩绘用色比较丰富，河南信阳长台关楚墓出土的小瑟残片

有鲜红、暗红、浅黄、黄、褐、绿、蓝、白、金九种颜色；同墓出的棺板黑漆地上用银、黄、赭红、深红等色彩描绘云纹和变体饕餮纹，两者相加色彩已超过十种，彩绘的漆色已非常丰富了。

战国漆器已出现了金银钮工艺，即在口和底缘等处装金属箍，称为钮器，是跨行合作的产品。有些金属箍上还错金银花纹，是当时最先进的制金手艺，非常华丽。漆器的胎在战国时已备全，木胎之外还有竹胎、皮胎、夹纻胎。有些特殊的器物，借鉴玉雕的高浮雕和镂雕工艺雕刻木胎，反映了工匠在"述之、守之"的基础上，加以创新，匠心巧思，使实用器的观赏性更强。

从出土的文物来看，汉代的漆器在产量上、规模上远超战国，（图13）湖南长沙马王堆墓一次就出土漆器500件，影响也更广，四川生产的漆器在朝鲜出土，

而且是工官的漆器。西汉漆器在工艺上比战国又有创新，如马王堆1号墓出土的小奁盒，在针划的鸟兽云气纹中填入了金彩，为漆器戗金工艺之滥觞。

金银平脱工艺虽然在商代初露端倪，真正作为一种工艺广泛使用要到西汉，安徽天长县汉墓出土的彩绘金银平脱单层奁和双层奁，都是这种工艺的实例。

汉代还出现了堆漆工艺，即用漆或油调灰，以此堆出花纹，有如后来壁画的沥粉堆金、瓷器上的法华工艺。马王堆3号墓出土的盝顶长方奁上的云气纹就是用的堆漆工艺，堆纹里还用彩漆勾填。这种堆漆工艺很可能时受玉雕双阴起阳和减地浮雕工艺的影响，成熟后又影响壁画和陶瓷工艺的发展，是中国古代手工艺技术互为影响的体现。

唐代国力强盛，装饰风格阳刚、华丽、富贵，视觉冲击力较强，反映在漆器上就是金银平脱和嵌螺钿

图12　现代冯文土徐永平小叶紫檀木雕"天上人间"摆件

工艺的大量使用。唐代的金银平脱与汉代略有不同，这得力于唐代金银工艺的发达，金工先将金银饰片镂刻好，再由漆工嵌填打磨。此工艺不但装饰在纯漆器上，也装饰在铜镜背面和秘色瓷碗的外壁，为皇家奢侈品的标配装饰。由于金银平脱太过奢靡，唐代官方几次下令禁造，终因色诱太强而未能贯彻。

嵌螺钿工艺西周晚期就已出现，河南浚县辛村西周晚期墓出土用磨制的小蚌条组成图案嵌入漆地的残片，应该是嵌螺钿工艺的肇始。唐代的嵌螺钿不但在漆地上，还在硬木上直接镶嵌。日本正仓院收藏的唐物中的琵琶和阮咸，所嵌螺钿或在紫檀木上，或在薄漆地上，花卉的蕊、花瓣、鸟羽涂以鲜红色，如红宝石一般，非常华美。类似的装饰正仓院藏的唐镜上也有表现，如平螺钿背圆镜，在洒螺钿屑漆地嵌螺钿花鸟纹，花蕊涂丹。唐代的螺钿片比较厚，称为"硬螺钿"。（图14）

密陀绘也是唐代特有的漆器品种，它是用一氧化铅调油彩绘纹样的漆器，存世的密陀绘主要保存在日本正仓院。如密陀彩绘忍冬凤纹小柜、黑漆地密陀彩绘雁鹋花鸟纹箱、密陀绘花鸟人物纹盆等，都是唐代输往日本的中国漆器。

宋元时期，是漆器制造繁荣时期，首先表现在为了让升斗小民也用得起漆器，制造了大量的单色漆器，以黑色最多，朱红其次，并且在底部或背面朱书广告语，如"壬午临安府符家真上牢"。类似的广告语在铜镜、瓷器上也有，似为宋代特有的现象，折射了宋代商品经济的活跃。单色漆器的器形也以盘、碗、碟、盒等生活用具为主。

宋代漆器最重要的成就是雕漆工艺，雕漆包括剔红（图15）、剔黄、剔绿、剔黑、剔彩、复色雕漆、剔犀等。其工艺是根据需要将色漆一层层髹在胎上，从二十多道到百把道不等，俟其半干时用刀雕刻花纹。剔彩与复色雕漆基本相似，是在多层色漆地上雕刻，每一层纹饰的颜色都不一样，观赏性较强。明代《髹饰录》说宋代的剔红特点是"藏锋清楚、隐起圆滑、纤细精致"。应该是宋代所有雕漆工艺的特点。所见实物有故宫博物院的剔红折枝桂花纹圆盒，流传日本的剔黑醉翁亭盘和婴嬉图盘，浙江省博物馆征集的宋剔红花卉纹执镜盒。

剔犀（图16）是将黑、朱两种漆反复更迭涂布，然后深刀刻纹，大多剔刻简单的云钩、回纹等图案，刀口处呈现朱黑相间的花纹，"或乌间朱线、或红间黑带"，三色的称"三色更迭"。江苏武进宋墓出土的执镜盒是朱、黄、黑三色更迭的剔犀漆器。由此可见，宋代不讲究视觉冲击的华丽，而是低调的奢华，需要定睛细观才能欣赏到的雕饰的华美。

戗金由于纹饰较细，于质朴中透出华美，在宋代重新盛行起来。除了在菱形和莲瓣式器物上戗金人物花卉纹外，还和斑纹地复合组成纹样。常州博物馆藏南宋墓出的山水花卉纹填朱漆斑纹地黑漆戗金长方盒，

图13　西汉云龙纹漆盒

图14　唐云龙纹嵌螺钿漆背铜镜

图 15　清中期剔红高士图圆盒

斑纹为密集的小圈点。明初《格古要论·古漆器论》：
"钻犀，多是宋朝旧物，戗金人物景致，用钻钻空间
处，故谓之钻犀。"与常州博物馆的漆器特征完全一
致。晚明《髹饰录·纹间第十四》有"戗金间犀皮，
即攒犀也"。攒犀与钻犀谐音，应该是指同一工艺。
日本正仓院藏的唐物中有一件漆皮金银绘八角镜箱（似
为盒），花鸟纹以外的空处即是密集的圆斑点纹，不
知是皮的毛孔透上来的还是人为点上去的，但与攒犀
工艺来源关系极大，也与金银器、铜鎏金器物上珍珠
地装饰关系密切。

　　蒙元时期，江南一带遭受的破坏最轻，加上手工
业是蒙元王公贵族奢华生活的保证，漆器业的发展并
没有停顿下来，其中以螺钿、戗金、雕漆成就最高。
元代螺钿比以往更细薄，1966 年北京元大都居住址出
土薄螺钿广寒宫图黑漆盘残片是比较可靠的元代实物
证据。薄螺钿也称"软螺钿"，因细薄透光，可以在
背后设色，使表面五彩斑斓，观赏效果更佳。元代雕
漆在中国历史上成就最为突出，浙江嘉兴首次出现了
两位雕漆名匠张成和杨茂，作品纹饰花叶肥厚，舒展
自如，刀法圆润，韵味十足，流露出写生的意趣。

　　明清漆器诸法皆备，新品迭出，有些传统品种逐
渐淡出，有些更加丰富。晚明新安漆工黄成在总结前
人和他自己的经验的基础上，写了一部关于漆工和漆
器的书《髹饰录》，这是我国现存唯一的古代漆工专著。
全书分乾、坤两集，共 18 章，坤集几乎把出现过的漆
器一网打尽，详细分类，为后来者学习和研究中国古
代漆器提供了宝贵的资料。

　　明初社会，封建集权专制比较严重，能工巧匠都
无偿为皇家服务，好的漆工都到皇家果园厂服劳役。
明代的官家作坊的生产是不计工本的，以新奇工巧为
标准，因此，工人们互相琢磨交流，花样翻新，将两
种乃至多种技法荟萃结合，不同地子与不同纹饰更迭
结合，在传统的基础上繁衍出不可胜数的新品种。《髹
饰录》编录"斒斓第十二"、"复饰第十三"、"纹
间第十四"来叙说这些两种以上工艺在一起的新品种。
晚明人身依附减弱之后，宫廷技艺流入民间，促进了
民间漆艺的提高。清代的雇佣制，使官民工艺交流增进，
迎来了乾隆朝的繁荣。乾隆后期工艺过于繁缛，讲究

图 16　现代何俊明绛州剔犀夔龙纹几案

细枝末节的细腻，失去了匠心，艺术性大打折扣。加之乾隆以后国力日渐衰微，漆器业也跟着衰落了。

明代漆器品种大增，光是金就有明金髹、金箔罩漆、扫金罩漆、描金、戗金、螺钿金银片等，描金、戗金有单独使用的，也有和彩绘、填漆等工艺合用产生新的品种。

描漆在明清分为描漆、漆画、描油三种，描漆是漆、油兼用的彩绘漆器；纯一色漆作画为漆画；纯用油彩画成叫描油。

螺钿出现比较早，但最好的嵌螺钿工艺出现在明末清初。此时的螺钿片剥离得更薄，裁切得更小，因此拼嵌得更细腻生动。此时流行螺钿加金银片镶嵌的，比以

图 18　20 世纪细钩填漆八吉祥纹圆盒

往更华丽闪烁。螺钿大家江千里、吴柏祥、吴岳桢都出现在此时，有"家家杯盘江千里"之说。（图 17）

剔红宋代以来最受欢迎的品种。永乐时，张成之子德刚面试称旨，授营缮所副，服役果园厂，故永乐剔红和元代基本相似。另有张敏德剔红手艺比拟张成，故宫博物院藏张敏德赏花图剔红盒记录了其出类拔萃的剔红手艺，也是一派元代风貌。明代嘉万是剔红风格转变之时，刀法不复藏锋，不重磨工而渐见棱角。乾隆时剔红大盛，技术已不是问题，传统的小巧精致的剔红器愈加工巧，巨大的屏风宝座、楼阁车舟为前所未有的皇皇巨制，显示了超强的驾驭手工的能力。剔红还新出与其他工艺相结合的品种，剔红器上鎏金铜饰、嵌珐琅、嵌玉等，也为前所未有的工艺。这可能是受明代周制嵌八宝的影响，乾隆时候内府所藏各种名贵宝石较多，嵌宝石的髹漆大挂屏也是当时宫廷一大特色，自然而然的装饰在剔红器上了。

雕填与款彩都是明清时期出现并流行的漆器工艺，两者有些近似，但处理手法不同，外观也不一样。雕填一般与戗金细勾结合，细勾纹饰，戗金填漆，打磨平整。款彩是在漆地上勾花，将花纹内的漆灰都剔去，然后填入所需的色漆，但填入的漆低于轮廓线，不适合做近观的小件作品，多用在远观的大型屏风上。传世文物有法国居湄博物馆藏的康熙十二叠松鹤图屏风，高达 3.2 米，展开 6.24 米，远观极为华丽。

清代漆器的胎骨材质更多，除了传统的竹（图18）、木、皮以外，还有铜丝胎、瓷胎再髹漆的。最

图 17　20 世纪红木嵌螺钿清供四屏之一

显手艺当属脱胎了，脱胎来自于夹纻胎漆器，晋代艺术名匠戴逵就是制造夹纻佛像的高手，此时要先塑泥模，上苎麻布，再髹漆，制成后脱去泥模。清代的脱胎漆器内胎是比苎麻布更薄的绢或夏布，非常轻薄。故宫博物院藏的菊瓣形脱胎朱漆盘，盘内底有乾隆的御题诗："吴下髹工巧无比，仿为或比旧还过。脱胎那用木和锡，成器奚劳琢与磨。"赞美和解释了脱胎漆器的工艺特点。这种脱胎漆器工艺对后来影响极大，晚清民国风行国内外的建漆，基本上传承了这种技艺。

每次梳理这些老祖宗留下来的老物件，心里总是充满欣喜和自豪。从五彩斑斓的石头到玲珑剔透的玉雕，古代工匠用匠心点石成金；从触目皆是树木到雕梁画栋的殿堂，古代工匠用匠心构筑华厦；从漆树的汁液到美轮美奂的漆器，古代工匠用匠心化腐朽为神奇。匠心，是体察万物的智慧，是技人和一的工巧。祖先留下的珍贵文物，那蕴含的匠心早已超越了工匠精神，体现了天时、地利、材美、工巧四者合一的治物理念。匠心，引领先辈们创造了令世界膜拜的手工制品，在当今科技时代也将引领国人创造令世界瞩目的、体现中国智慧的高新产品。

目 录
CONTENTS

匠心

图版

01　宋－明白玉红沁兽面纹剑璏

长7.3、宽1.8厘米

WHITE JADE RED OOZE SWORD ORNAMENT WITH ANIMAL-FACE PATTERN MADE IN THE SONG DYNASTY OR THE MING DYNASTY
LENGTH: 7.3 WIDTH: 1.8CM

剑璏以和田白玉雕琢而成，正面减地阳起刻云雷纹，并有玩熟的红沁，色泽雅润；前端阴线刻兽面纹，刀法古拙。其穿孔较汉代的略窄，剑饰的系带功能逐渐退化，文玩意义明显，应是后代仿汉玉件。

玉剑璏是玉具剑的四件饰玉之一，俗称"昭文带"或"文带"，是装饰在剑鞘上便于穿带的饰玉，源于春秋战国时期，汉代最为盛行，是传统玉文化和佩剑时尚相结合的产物。宋代以来，常仿制汉剑璏用来作案头文玩或佩带，明代有将其嵌在紫檀、乌木等硬木镇纸上作饰纽。明文震亨《长物志·器具》："压尺以紫檀、乌木为之，上用旧玉璏为纽，俗所称昭文带是也"。

02 明玉雕双蟠螭委角长方洗

RECTANGULAR CARVED JADE WASHER WITH DOUBLE IMAGINARY DRAGON PATTERNS AND SPLITTING ANGLES IN THE MING DYNASTY
LENGTH: 13.6 WIDTH: 7.5 HEIGHT: 3.6CM

玉洗以整块青白玉雕成，玉质莹润，打磨平整，包浆光洁内敛。形制为委角长方形，实是海棠形的变体。两端各镂雕一攀沿蟠曲的螭龙，其中一螭龙的前爪还抓一火珠，似为双龙戏珠之意。明代的玉杯、玉洗好雕双龙为把，多用镂雕法，四爪攀附杯体，腾挪有致。玉洗螭龙吻部平切，螭首较短，双角紧贴首部而不向颈部延伸，时代特征显著。明代玉料来源不能和清乾隆时相比，如此滋润的大件玉雕已属难得。

03　清玉雕象耳富贵常春扁肚瓶

高13.1、宽9、厚3.3厘米

FLAT-BELLY CARVED JADE VASE WITH ELEPHANT EARS
AND AUSPICIOUS PATTERNS IN THE QING DYNASTY
HEIGHT: 13.1　WIDTH: 9　THICKNESS: 3.3CM

玉瓶以整块白玉雕琢而成，保留部分皮色琢成假山石，与瓶体及花鸟纹相映成俏色。瓶体白玉，玉质润洁，掏膛均匀，打磨平整。颈部两侧圆雕象首为耳，一侧沿瓶体浮雕月季花，另一侧下部雕一长尾锦鸡。月季，又称月月红、长春花、四季花、胜春花等，锦鸡鸟也称富贵鸟，寓意富贵常春。瓶盖也是在原料上截取一块，雕琢而成，与瓶体在色泽上保持一致。乾隆玉雕为什么享誉后世，可从玉瓶上动物眼睛的雕琢一窥功夫。历史上动物的眼睛一般都是管钻、线刻、圆形打挖等，而该瓶无论是象眼还是鸟眼，均先碾刻出眼眶，然后再碾刻眼睛，不见斧凿之痕，真实传神，无疑是"乾隆工"玉作的表征。

乾隆二十年至二十五年（1755~1760年），经过五年的战争，清政府平定了准格尔和回部的叛乱，新疆地区纳入大清版图，每年春秋两次以玉向清政府纳税，少则四千来斤，多则二三万斤，大量的美玉入朝，使中国古代玉雕迎来了空前绝后的高峰，不但是京城造办处，苏州、扬州等传统治玉之地均能匠辈出，创作出许多前无古人的玉作精品，这些雕工精细，打磨平整润滑的玉作，藏界誉为"乾隆工"。

04　清玉雕寿字耳六方瓶

高23、宽8.5厘米

CARVED HEXAGONAL JADE VASE WITH EARS CARRYING THE CHINESE CHARACTER
MEANING "LONGEVITY" IN THE QING DYNASTY
HEIGHT: 23　WIDTH: 8.5CM

玉瓶以一块硕大的籽玉雕琢而成，玉质莹润如脂，洁白无瑕。通体呈六方形，线条流畅，转折有致。瓶盖也为同料截取雕琢而成，颈部镂雕篆书寿字为耳，是玉瓶唯一镂雕纹饰的部位。所谓"良玉不瑑，资质润美"。由于玉料本身洁白莹润，任何良工都不愿去其一分而为纹饰，而把工夫都用在了表现玉质的打磨上，因此，玉瓶表面平整光洁，透出雅致晶莹的光泽。

乾隆时期，由于玉料充盈，玉作行比以往有更大的发展，形成了苏州、扬州、新疆、宫廷造办处等几大治玉中心，但如宋应星所云："良匠虽集京师，工巧则推苏郡"。清代苏州的玉作已形成独立的行业，行内分工明确，有专事开料的、掏膛的、打眼的、光玉器的等等，连乾隆帝也十分推崇苏工，常把精美的玉料发往苏州织造局，让专诸巷玉行的工匠雕琢。上述不事雕琢，但掏膛、打磨一丝不苟的玉作，一般都是苏郡工匠所为。

05 清黄玉雕夔龙耳方胜形瓶

高22.4、宽11厘米

CARVED FANGSHENG-SHAPED TOPAZ VASE WITH DRAGON EARS IN THE QING DYNASTY
HEIGHT: 22.4 WIDTH: 11CM

玉瓶以一块硕大的黄玉籽料雕琢而成，玉质黄如蒸栗，凝润细腻。由于黄玉的蕴藏量较少，"黄"又为帝皇之色，在清代其价高于羊脂玉。

玉瓶截面呈方胜形，即两个部分重叠的菱形图案，寓"同心双合，彼此相通"的吉祥意义。清宫自乾隆始，仿古之风盛行，样式、纹饰甚至质感都以有古意为雅。玉瓶作为高档陈设器，自然少不了以古青铜纹样夔龙为饰。圆雕夔龙为耳，腹部蕉叶纹内减地浮雕相对的夔龙一双，共六组。近胫部六瓣重瓣仰莲。夔，《说文解字》释为"神魅也，如龙一足"；《尚书·尧典》中夔是"命汝典乐"的乐官，而龙是"命汝作纳言"的谏官。后人有将"夔龙"喻为贤才良吏的，元代耶律楚材有诗句"安得夔龙立廊庙"即言此。因此，方胜形玉瓶是"材有美，工有巧"的玉作佳器。

06 **清黄玉夔龙钺形佩**

长6、宽4厘米

ANCIENT BATTLE-AXE-SHAPED TOPAZ PENDENT WITH DRAGON PATTERN IN THE QING DYNASTY

LENGTH: 6 WIDTH: 4CM

玉佩以和田黄玉雕琢而成，一面有似皮似沁棕红色表层。佩首雕琢夔龙，腹下打孔便于穿绳系佩。整体如古代礼器钺，颇有古意。由于钺与斧相似，斧与府谐音，玉佩有府上有龙的寓意，为清代仿古又有吉祥意义的佩玉。

07 **清玛瑙黑白俏色双獾挂件**

长4.5、宽3.6厘米

SMART BLACK-WHITE AGATE DOUBLE-BADGER PENDANT IN THE QING DYNASTY
LENGTH: 4.5 WIDTH: 3.6CM

挂件以整块黑白玛瑙勾画雕琢而成。工匠巧妙地利用玛瑙原色镂雕刻头尾相连、一黑一白两动物，极具嬉戏的动感。獾与欢谐音，双獾寓意欢欢喜喜。挂件材俏、工精、意好，是玉类佩件中的"三好学生"。

高6.7、长10厘米

*SMART-COLORED CARVED JADE DISPLAY ORNAMENT FEATURING A SHEPHERD BOY
PLAYING WITH AN OX IN THE QING DYNASTY
HEIGHT: 6.7 LENGTH: 10CM*

玉件由整块和田青花籽料雕琢而成，玉工充分利用青花籽料黑白分明的特点，以墨玉雕琢为卧牛，白玉雕琢为牧童，相映成趣。卧牛三蹄朝下，一蹄上翻，牛首因绳索的牵拉向右回首，尾巴也呼应回甩，硕大的牛角显示了南方水牛的特征。牧童一手拉缰绳，一手挽草帽，正奋力地爬上牛背。整个摆件动静有致，黑白相谐，雕琢精到，为俏色玉雕的佳作。

长5.5、宽4.5厘米

WHITE JADE PLAQUE WITH PAINTINGS OF LANDSCAPE AND FIGURES AND POEMS IN THE QING DYNASTY
LENGTH: 5.5　WIDTH: 4.5CM

牌子白玉，玉质润洁。牌额雕双（夔）龙戏珠纹，牌面减地浮雕树石水榭，一老者站在汀岸观赏水中的荷花，边上有一持扇童子相伴，似为周敦颐爱莲故事。另一面行书七言诗"数点飞来荷叶雨，暮香分得小江天。子冈"。

子冈，即陆子冈，明代嘉靖、万历间雕刻家、琢玉工艺家，苏州人。擅长平面减地之技法，能使之表现出类似浅浮雕的艺术效果。清代玉工仰慕陆子冈手艺，将这类取料方正，雕刻也私淑陆子冈琢玉工艺的牌子统称为"子冈牌"。

长6.5、宽5厘米

WHITE JADE PLAQUE WITH THE POEM OF GATHERING FIREWOOD IN DEEP MOUNTAINS IN THE QING DYNASTY

LENGTH: 6.5　WIDTH: 5CM

牌子上额减地起阳雕如意云纹，正中一穿孔。牌面刻樵人挑一担柴自深山归。另一面刻一枝荷花，边上篆书"樵云木名伍"。此类玉牌的样式，清代统称为"子冈牌"，非常流行。

长7.3、宽4.8厘米

WHITE JADE PLATE FEATURING AUSPICIOUS FUNGI, PAVILION, TUNG TREES AND A POEM
IN THE QING DYNASTY
LENGTH: 7.3 WIDTH: 4.8CM

玉牌取料较大，牌额正反均为减地浮雕对称夔龙纹。主体一面减地浅浮雕人物纹，俩孩童一在树上，一在树下，拎着水桶；旁有一高士在指点孩童，从背后诗文看应是倪瓒洗桐图。倪瓒是元末四大家之一，个性迂癖，尤以洁癖为奇。因客人在其园中吐痰于桐树，难忍不洁，故嘱童子洗桐去秽，表面诚其"迂"，实喻文人清高自洁。背后减地浮雕草书五言诗："雅绝倪高士，园林口乘风。更无人比洁，担水洗青桐。芝亭题"。据网络资料，芝亭为清乾隆时期宫廷玉雕名家，尤擅制玉牌、鼻烟壶等。

清白玉芝亭款洗桐图诗文牌

12　清玉雕喜上眉梢纹扁腹小瓶

高11、宽8.2、厚3厘米

LITTLE FLAT-BELLY CARVED JADE VASE WITH PATTERNS OF MAGPIES AND PLUM BLOSSOMS IN THE QING DYNASTY
HEIGHT: 11　WIDTH: 8.2　THICKNESS: 3CM

玉瓶以整块青白玉雕琢而成，与众不同的是盖和瓶身由两节玉链相连，不易丢失损坏。玉瓶的纹饰比较丰富，口沿细阴线刻回纹，颈部细阴线刻古铜器蕉叶纹，一侧饰S耳，另一侧由于镂雕活链而没有饰耳。活链下镂雕浮雕两只喜鹊登临梅枝，意为喜上眉梢。饰S耳侧瓶腹镂雕浮雕笋竹纹，腹上浅浮雕两只蝴蝶。笋竹易生易长，常年翠绿，双蝶谐音"迭迭"，有连绵不绝之意，隐喻长宜子孙，福寿无疆，为玉雕常用的吉祥纹样。

清玉雕喜上眉梢纹扁腹小瓶

13　清玉雕活环耳饕餮纹扁瓶

高（连座）13.8、腹宽7.2厘米

CARVED JADE FLASK WITH MOVABLE RING EARS AND TAOTIE PATTERNS IN THE QING
DYNASTY
HEIGHT: 13.8 WIDTH: 7.2CM

青白玉，由于较多地运用了掏活环工艺，整件器物显得玲珑有致。瓶盖以圆雕石榴为钮，石榴两边镂雕两簇叶片，在封闭的石榴上掏雕一活环。颈部两侧均以卷草套活环为耳，长颈下部前后各镂雕一花栏，花栏上左中右套三活环。瓶腹减地浮雕饕餮纹，环以阴线刻回纹，为仿古青铜器纹样。玉瓶玲珑中透着古意，极具观赏性。

匠心

吕世良珍藏历代工艺品精选

14 **20世纪蕉獾纹玉坠**

长4、宽3、高3厘米

JADE PENDANT WITH PATTERNS OF BANANA LEAVES AND BADGERS IN 20TH CENTURY
LENGTH: 4 WIDTH: 3 HEIGHT: 3CM

玉坠白玉带糖色，圆雕一獾立于席子上，向右回首，有后爪向前抓挠。前爪抓住席子向上掀动，极具动感。席子大部分为糖色，惜不能全为糖色所包，可为俏色。

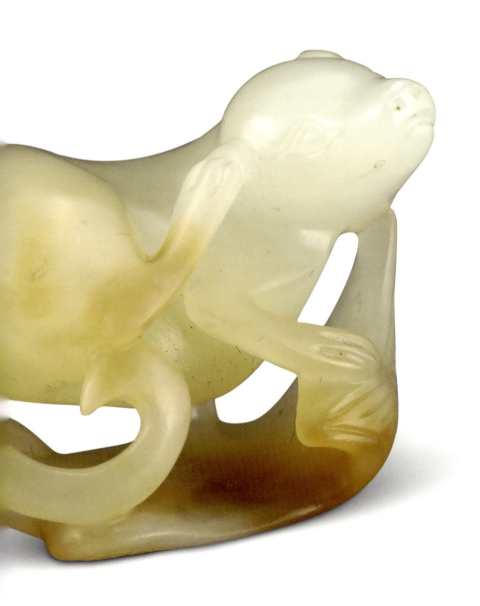

15　20世纪玉活环耳浮雕西番莲纹瓶

高22.5厘米

*CARVED JADE VASE WITH MOVABLE RING EARS AND RELIEF CARVED PASSIONFLOWER
PATTERNS IN 20TH CENTURY
HEIGHT: 22.5CM*

玉瓶由整块青白玉雕琢而成，纹饰繁密。圆钮下是菊瓣纹，再下层饰束莲纹。瓶颈、腹均为西番莲，胫部亦为菊瓣纹。瓶耳为折枝菊花，枝干套活环。

此类玉雕工艺为仿痕都斯坦玉作，清代痕都斯坦位于印度北部，包括克什米尔和巴基斯坦西部，其玉材多为南疆的和阗玉、叶尔羌角闪石玉。雕工多为减地浮雕，纹饰繁密，多为植物花叶，以莨苕、西番莲和铁线莲为主。由于采用水磨技术，瓶碗类玉件胎体透薄，有"西昆玉工巧无比，水磨磨玉薄如纸"之说。有些物件还描金嵌宝，异常华美。清宫所藏痕都斯坦旧玉有两种，一种为当年输入，另一种系宫内工匠仿制，称"西番作"。此后，民间也多有仿制。

16　清玉雕象耳夔龙纹扁瓶

高23.7、腹宽12.5厘米

CARVED JADE FLASK WITH ELEPHANT EARS AND DRAGON PATTERNS IN THE QING
DYNASTY
HEIGHT: 23.7 WIDTH: 12.5CM

玉瓶由大块青白玉雕琢而成，从盖子到器身共四层减地浮雕夔龙纹，瓶身中段纹饰还组合了饕餮纹，均仿自商周青铜器纹样。颈部圆雕象首为耳。

类似的样式和纹饰有清宫的官样，只是没有如此繁密，铲地更为平整，打磨也更为光洁。估计是清宫解散出来的匠人根据记忆仿制的。

17　民国黄玉浮雕太平丰乐鼻烟壶

高6.3、宽5.6厘米

TOPAZ SNUFF BOTTLE WITH RELIEF CARVED PATTERNS OF PEACE AND HARVEST IN THE
REPUBLIC OF CHINA
HEIGHT: 6.3　WIDTH: 5.6CM

烟壶用黄玉雕琢而成，平肩，转角为二折波浪形，正面减地浮雕童子拉太师椅状平板车，后面随一蝙蝠，意为太平有福。背面阳文篆书"太平丰乐"，署款"文玩"。盖以绿料为之。清末民国古玩业兴盛，仿古也随之日盛，一些貌似古董的把玩件、案头小摆设常常落上"文玩"款。

18 现代玉雕羲之爱鹅山子

高10、宽14厘米

CARVED SHANZI JADE DISPLAY ORNAMENT FEATURING WANG XIZHI'S LOVING OF GEESE IN MODERN TIMES
HEIGHT: 10 WIDTH: 14CM

山子在保持原料外形的基础上，向玉料内部雕琢。松荫之下王羲之与书童在观赏白鹅的仪态，亭台水榭、溪流汀石历历可数。背面松石之下，一高士独立船头，似为苏东坡夜游赤壁图。

玉山子，是一种在保持玉石料原形的基础上，按照"丈山尺树，寸马分人"的构图法则来表现自然景观和人文景观的，一般材料都比较大，只有在玉料充盈的时期才会作兴雕琢，所以，玉山子作为流行的观赏玉雕艺术品出现在乾隆时期。改革开放后，商品经济日益繁荣，加之交通便利，富裕起来的百姓有所需求，玉山子又日渐流行起来。山子的场景内容往往比较丰富，需有艺术功底的人来设计图稿，再行雕琢。所以好的山子是结合了绘画、书法和玉雕工艺的综合艺术品。

高9、长12厘米

CARVED JADE DISPLAY ORNAMENT FEATURING A KID PLAYING WITH A GOOSE IN 20TH CENTURY
HEIGHT: 9 LENGTH: 12CM

以圆雕、镂雕、浮雕、管钻等多种传统技法，将整块和田玉雕琢成童子戏鹅摆件，瘦漏的假山石为地，将童子和白鹅固定在一个平面上。童子的形态及部分雕法仍保持着传统的审美和技法，白鹅羽翼的刻法呈现了时代变更的特点。

20世纪玉雕花耳西番莲扁腹瓶

高22.3厘米

FLAT-BELLY CARVED JADE VASE WITH FLOWER EARS AND PASSIONFLOWER PATTERNS IN 20TH CENTURY
HEIGHT: 22.3CM

玉瓶由整块和田玉掏挖雕琢而成，掏膛薄而匀净，外壁减地浮雕纹饰浅而流畅，从盖纽往下依次是菊瓣纹、覆莲纹、一把莲、覆莲纹、缠枝西番莲（主题纹饰）、仰莲纹等。西番莲是外来纹样，多出现在仿痕都斯坦玉作上。此瓶虽为电动机器雕刻，但匀薄的瓶壁，流畅的纹样，展现了对痕都斯坦玉作精到的摹仿。

21　20世纪玉链提梁兽面纹瓶

高20、宽7、厚4.5厘米

JADE VASE WITH LOOP HANDLES AND ANIMAL FACE PATTERNS IN 20TH CENTURY
HEIGHT: 20　WIDTH: 7　THICKNESS: 4.5CM

玉瓶的盖和链条提梁均由一块玉料雕琢而成。套环玉链是乾隆时期出现的玉雕样式，虽费时费工，但玲珑有致，很快就流行开来了。瓶子的玉链从瓶耳开始向上连贯，最上面是镂雕的花枝将其连接。此瓶的盖纽也与众不同，为片状的镂雕双龙戏珠纹。腹部主题纹样为兽面纹，主题纹样两边各减地浮雕一香草龙。整件器物传承了仿古和玉链装饰两种工艺，极具观赏性。

20世纪青玉莨苕纹活环耳盖炉

高19、宽22厘米

SAPPHIRE COVERED INCENSE BURNER WITH PATTERNS OF ACANTHUS LEAVES AND MOVABLE LOOP HANDLES IN 20TH CENTURY
HEIGHT: 19 WIDTH: 22CM

玉炉以整块和田山料雕琢而成。除了盖纽等局部菊瓣纹外，均为西来的装饰纹样莨苕纹。莨苕是原产自欧洲的一类草本植物的总称，共有20个品种，是一种有观赏价值的植物，常用于建筑装饰、器物纹样等。也是乾隆时期痕都斯坦玉作的主要纹样。盖炉是仿乾隆时期痕都斯坦风格玉器的，充满了异域情趣。

直径2.7、高1.8厘米

WHITE JADE BAMBOO-JOINT SEAL WITH CHINESE CHARACTERS "DING RI TANG SHU" IN THE QING DYNASTY
DIAMETER: 2.7 HEIGHT: 1.8CM

玉印以和田白玉雕琢而成，玉质洁白莹润，略带金桂皮色。印纽琢成桥形竹节状，章壁阴线刻回纹一周。印面朱文篆书"鼎日堂书"，呈正方形布局，平稳不失雅致。

和田玉得之不易，质地又硬于一般的石材，治印比较困难，历代均由专门的玉工雕琢。玉材难得使玉印向来身价显贵，最著名的莫过于以卞和所献之璞玉琢成传国玉玺的故事，战国秦汉时期拥有玉印的均为王公大臣。清代乾隆二十五年以后，玉料前所未有的易得，一些富裕的文人也请玉工为其治印，这些玉印往往材质精良，印文优美，为藏家所好。

24 **20世纪田黄石薄意雕赤壁夜游图长方章**

3.6×2.2×4.2厘米、82克

RECTANGULAR FIELD-YELLOW STONE SEAL FEATURING THIN-CARVED PATTERNS OF NIGHT TRAVELING ALONG THE RED CLIFF IN 20TH CENTURY
3.6×2.2×4.2CM 82G

石章材质细腻半透，纯正温润。印面为长方形，白文篆刻"逢时积德，身受福庆"八字吉语。顶部无纽，保留自然形态。四边及顶部薄意雕东坡赤壁夜游图，山石烟岚，碧波倒影，扁舟骚客，无不毕现，颇有竹刻大家周颢遗意。

田黄石为印石之王，产于福州市北郊的寿山乡寿山溪两旁的田畈中，大规模开采始于清康熙时期，但产量很少，早有"一两田黄一两金"之说，后来涨到"一两田黄三两金"。由于色泽金黄，乾隆还御封田黄为"石帝"。并在每年元旦祭天祁年时，要把一块大田黄放置在供桌中央，寓意"福寿田"（福建寿山田黄）。一时皇亲国戚、官僚富豪竞相仿效，购者如鹜。时至今日，寿山乡的田坑田黄几乎绝迹。

25　20世纪田黄薄意雕山水人物纹石章

高4、宽3.5、厚2厘米

FIELD-YELLOW STONE SEAL WITH THIN-CARVED PATTERNS OF LANDSCAPE AND
FIGURES IN 20TH CENTURY
HEIGHT: 4 WIDTH: 3.5 THICKNESS: 2CM

石章橘黄色泽，石质细腻莹润，印面长方形，无印文。顶部自然形，四面及顶部保留部分石皮，薄意雕山水人物纹，山石草木、亭台水榭、扁舟人物均以不透明的石皮表现，水面天空则剔除石皮，以半透明的橘黄石质表达，明暗对比强烈，石材浪费较少。

26　**20世纪寿山石"石卿"款山居即景山子**

高13.5厘米

SHOUSHAN STONE SHANZI WITH CHINESE CHARACTERS "SHI QING" AND PATTERNS OF MOUNTAINSIDE COTTAGES IN 20TH CENTURY
HEIGHT: 13.5CM

寿山石山子与和田玉山子在表现形式上有所不同，特别是这种难得的老坑石料，雕刻师都会选择薄意雕，这样，表现的平面更大，被剔除的材料更少。作者在创作时还保留了较多的石皮，人物、山石、松兰植物以皮色表现，江河湖荡、深谷天空以温润微透的石色表现，使皮色和本质互为映衬、相得益彰。落款"石卿"。

石卿，即郭懋介，石卿是其字，号介伯，抚石斋主。1924年生，福建省福州市人，中国玉石雕刻大师，特级名艺人，中国宝玉石协会理事，印石专业委员会常务委员，福建省工艺美术研究会特邀顾问，高级工艺美术师，西泠印社篆刻艺术评委，福建省工艺美术大师，福建省民间艺术家。

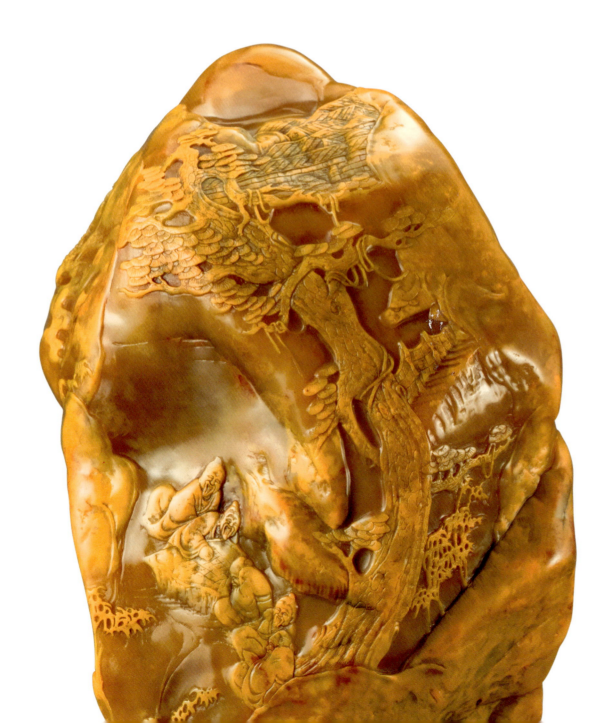

27 现代老挝石 "建旺" 款达摩面壁山子

高8.2、宽5.3厘米

LAO STONE SHANZI WITH CHINESE CHARACTERS "JIAN WANG" AND PATTERNS OF BODHIDHARMA STARING DOWN THE WALL IN MODERN TIMES
HEIGHT: 8.2 WIDTH: 5.3CM

山子由整块老挝石雕琢，石料温润微透，色如田黄，民间俗称 "老挝田黄"。达摩面壁是传统雕塑题材，类似坐在山洞中的侧面坐像曾见于私人收藏的明代玉雕件（《玉蕴》，文物出版社，2010年，第60页。），由于人像右侧朝石壁，雕刻难度非常大，而要把达摩沉静、执着神态表现出来，非大师手笔不能为。背面右下部落款 "建旺作"。

郑建旺，福建罗源人，1974年生，师从黄忠忠，现为高级工艺美术师、福建省工艺美术大师、国家一级技师、中国石雕青年艺术家、福建省技术能手、福建省工艺美术研究院特聘研究员。擅长圆雕、高浮雕、镂空雕、薄意雕等多种技法。作品屡获国家级、省级、市级等各类大奖，被中国工艺美术馆、福建省工艺美术馆收藏，也深受收藏家青睐。另外，还发表多篇学术论文刊登于国内各大学术报刊。

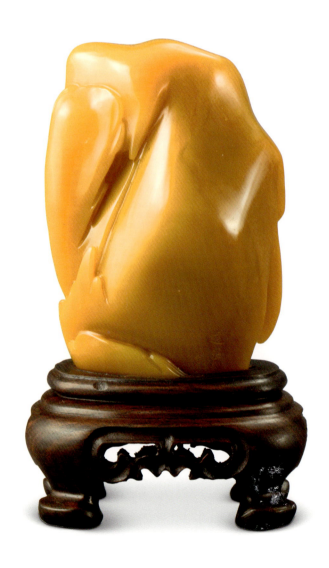

28 20世纪红珊瑚仕女像

连座高19厘米

RED CORAL STATUE OF FAIRY LADY IN 20TH CENTURY
HEIGHT: 19CM

仕女像由整截红珊瑚雕琢而成，取料较大，材质上乘。刻工刀法流畅，衣饰非汉族，似在舞蹈。类似的仕女像有作单独摆件的，也有做大型盆景的配饰的。

我国以珊瑚做陈设的历史非常悠久，最著名的莫过于《世说新语·汰侈》石崇与王恺争豪的故事，石崇用铁如意将王恺的二尺许高珊瑚树击碎，搬出三四尺高的珊瑚树六七枚任其挑选，"恺茫然自失"。文中虽然没有说珊瑚的颜色，推断应是红珊瑚。三国吴万震的《南州异物志》记载珊瑚生大秦国（古罗马帝国），有珊瑚树洲，水深二十余丈，有磐石，珊瑚生磐石上。初生白色，投铁网，一年后黄色，三年色赤。以铁钞发起根，起铁网载以还，裁凿恣意所作。其大者输之王府。至清代，不但有整枝珊瑚做盆景的，也有以大枝干雕刻人物、动物等独立件的。民国时期比较流行雕刻独立件，或摆设，或佩戴。

连座高16厘米

RED CORAL STATUE OF MOTHER AND SON IN 20TH CENTURY
HEIGHT: 16CM

由于珊瑚大料难得，所以此截珊瑚料粗壮的一端加刻一孩童。女相柳眉凤眼樱桃嘴，右手持折枝花，左手微曲下垂。孩童双手抱其母亲双腿，头微右上仰，天真烂漫。

珊瑚是一种低等腔肠动物珊瑚虫的骨骼堆积物，这种堆积物由无机物和有机物两部分组成，其中无机成分主要是碳酸钙，它们常呈树枝状，因此也被称为"海洋中的玉树"。珊瑚的颜色主要是红珊瑚和白珊瑚，还有较少的蓝珊瑚、黑珊瑚和金珊瑚。红珊瑚根据颜色深浅又分为鲜红、玫瑰红、肉红和淡红色，以鲜红最讨人喜欢，价值也最高。许多佛经都将珊瑚认定为佛家供养用的七宝之一。

高15.7厘米

RED CORAL STATUE OF STANDING FAIRY LADY IN 20TH CENTURY
HEIGHT: 15.7CM

仕女立像芒状扇形高髻，正中插一支菊花，额部有头箍，正中有芒状饰结。左手持
莲花，右手拎两个铜钱。跣足，衣带飘逸，有吴带当风之致。如果没有那俩铜钱，
造型极似观音菩萨，或许三十二相之外又别生一相。

通高103、长120、宽76厘米

RECTANGULAR WHITE MARBLE BASIN WITH PATTERNS OF DRAGONS, SEATED FIGURES
AND SPLITTING ANGLES IN THE QING DYNASTY
HEIGHT: 103 LENGTH: 120 WIDTH: 76CM

整套石盆材料硕大，分三节雕琢。石盆为一节，四面雕刻。正面高浮雕狩猎图；右侧面浅浮雕竹石鸟雀图；左侧面浅浮雕兰石双蝶图；背面浅浮雕杏林春燕图。束腰以上为第二节，承台四边前后为减地浮雕双龙拱寿纹；左右两侧夔龙纹。斜边为变体仰莲纹。束腰处四边浅刻云蝠纹。最下一节斜面为变体覆莲；四边为夔龙纹，角尺形四足下有托板。综合上述纹饰，花鸟纹和夔龙纹均有清中期的特征，汉白玉架座石盆应为清中期之物。

高18厘米

JAPANESE DYED IVORY STATUE OF STANDING OLD MAN WITH CHINESE CHARACTERS "HU ZHOU"
HEIGHT: 18CM

老翁由一截象牙雕琢而成，雕刻细致，头发根根可数，倒挂眉毛，额头和眼角均有老年皱纹。身着斜襟宽袖上衣，衣上刻"壬"字云和卷草纹，云纹内刻六叶花草；下着褐裳，褐色为人工染色，系一长带，结带后两端下垂似飘带。穿翘头鞋，鞋底席编纹。底部两鞋后跟间长方形朱文横款"湖舟"。日本牙雕看似精细入微，实际缺乏生动感，就脸部皱纹虽然都表现出来了，但仅仅是表现，脸部僵硬无表情。另外，中国手工讲究三分工七分磨，而日本工匠并不用心打磨，所以质感上略逊中国牙雕一筹。老翁立像从上衣纹样和染色工艺看，似为二十世纪早期之物。

33　20世纪松山款染色象牙雕渔翁像

高29厘米

DYED IVORY STATUE OF A FISHERMAN WITH CHINESE CHARACTERS "SONG SHAN" IN 20TH CENTURY
HEIGHT: 29CM

截取象牙一段，利用象牙的弧度，刻画了俯身面对渔童可亲形象。牙雕一如20世纪上叶的日本风格，宽袖长袍，中刻团龙纹，团龙边上饰中国传统球纹锦，再边上别出心裁地刻绿叶纹。挑担的扛棒是活动的，包括前面的双鱼和后面的鱼蓝，都为另行雕刻组装起来的。边上单独雕一怀抱大鱼的童子，与渔翁组配，寓福寿有余之意。另配木座，行书"松山"款、篆书"松山"印落在长方形牙牌上，再嵌入木座。

松山款牙雕在市场上出现颇多，或曰松山是20世纪活跃在广东的南派牙雕大师，早期作品是按日本的和服腰带专用装饰品为原形进行创作的；或曰松山是广东中山的一个牙雕厂，常用猛犸牙作材料，完全以日本根付原作为范本，雕刻工艺极细致。由此可见，松山款牙雕的共同特点是日式风格；产品销售地主要是香港、日本。现今市场上"松山"款的作品极多，工艺都还可以，但大多数真品都是先将"松山"字样刻在一小块椭圆形的螺钿上，然后再嵌入雕件。此外的松山牙雕真伪都值得探讨。

高23、宽12.5、厚9厘米

JAPANESE CARVED IVORY STATUE OF MAITREYA AND TEN KIDS IN 20TH CENTURY
HEIGHT: 23 WIDTH: 12.5 THICKNESS: 9CM

牙雕的取材比较粗大，直径达12.5厘米。圆雕身着彩衣的大肚弥勒，与中国不同的是孩童的人数竟达十人，都身着锦纹衣，主要有球纹锦、方块锦、珍珠锦、叶纹锦等，锦纹的手法类似于漆器的雕填，先雕出花纹，再填以不同的颜色，精细而华丽。日本牙雕细致到能看到的鞋底都会施刀雕刻，多为麦穗状的纹样。弥勒的腹部有一金粉绘制的标志，麦穗环中间一个类似香奈儿品牌标志的相背双交的C，表明此件牙雕曾为一个显贵家族所有。底部行草墨书"一叶知秋，柳口氏记。昭和五年（1930年）。玉永"。

35　20世纪染色象牙雕"满"字款寿星立像

高28、宽9厘米

DYED IVORY STATUE OF STANDING IMMORTAL OF LONGEVITY AND CHINESE
CHARACTER MEANING "FULLNESS" IN 20TH CENTURY
HEIGHT: 28　WIDTH: 9CM

寿星由一截象牙雕刻而成，包括手杖和经卷。除眉毛、胡须仍保持象牙的白色，其余均被染成棕黄、棕色和深褐色。寿星的开脸非常生动自然，笑容可掬，慈祥可爱。额头皱纹近似薄意雕，有肉的质感。胡须飘逸，丝缕分明，又不刻意丝丝表现。着宽袖交领汉服，上衣局部刻龟背锦。下裳染成深棕色，下摆刻回纹边饰，腰带中间下垂一绶带，绶带上朱文篆书"寿福寿福"，字上描金。正是有了这四个字，才让人参悟到原来是寿星像。底部落款也别具一格，正方形的黑框再套朱红色内框，框内红色朱文隶书"满"字，方框的四角下各阴线刻一朵小野菊，这种别理别调的做派，应该是日本工匠所为。

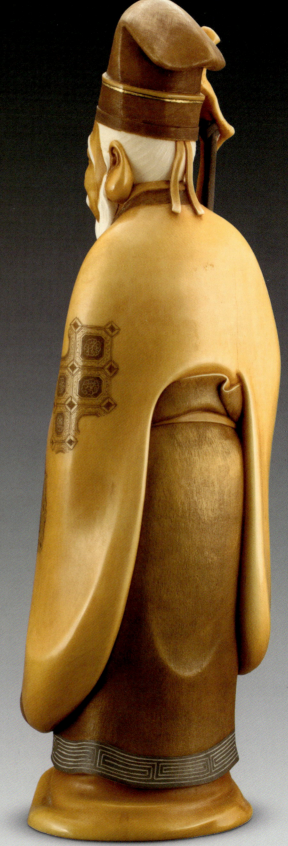

36　清中期剔红高士图圆盒

高4.5、直径9.3厘米

ROUND CARVED RED LACQUER BOX WITH PATTERNS OF HERMIT-SCHOLARS IN THE MID-QING DYNASTY
HEIGHT: 4.5　DIAMETER: 9.3CM

盒为筒形，盒内及底部髹黑漆，盒面和外壁为雕漆中的剔红工艺。外壁均为回纹装饰，盒面深远构图，层次丰富。上部为远景，扁回纹为地，云纹点缀其上；中部对角半回纹锦地，锦地上层雕山峦坡石；下部近景以六边框菊花间"卍"字锦为地，坡石树荫下两高士在交谈，书童捧书伫立一旁。

剔红，是雕漆工艺的一种，在不同质地的内胎上，一遍遍地刷朱红漆，少则二三十道，多达上百道，厚厚的漆层便于雕刻层次、内容丰富的纹饰，使器物华美异常。据明代黄成《髹饰录》记载，剔红工艺始于唐代，但未见实物。宋元之时，剔红已非常成熟，剔刻均"藏锋清楚，隐起圆滑，纤细精致"。经明代永宣的传承和嘉万的突变，剔红在清乾隆时期达到了一个新的高峰。乾隆帝酷爱剔红，小到盘碗生活器用，大到瓶屏大型陈设，均有剔红产品。工艺上兼容宋元的"藏锋清楚"与嘉万的锋棱毕露，讲究层次丰富，精致华美。该件漆盒虽没有款识，但从其工艺看无疑是乾隆朝产品。

37 清铜胎剔红双龙戏珠纹菱花口盘

口径23、高1.8厘米

COPPER-BASED CARVED RED LACQUER PLATE WITH PATTERNS OF TWO DRAGONS PLAYING WITH A PEARL AND RHOMBUS-SHAPED MOUTH IN THE QING DYNASTY
MOUTH DIAMETER: 23 HEIGHT: 1.8CM

漆盘铜胎，菱花口，髹暗红色朱漆，正面边饰剔缠枝花卉纹，中部主题纹饰剔刻海涛纹为地，上层剔刻双龙戏珠纹。背面边饰亦是缠枝花卉纹，底部双方框米字锦为地，刻金鱼、盘长、莲花、宝罐四种吉祥物，中间剔红朱文楷书"大清乾隆年制"三行款。

38 **清铜胎剔彩山水人物纹高足盖罐（一对）**

高29.5厘米

COPPER-BASED CARVED COLORED LACQUER POTS WITH COVERS, HIGH STEMS AND
PATTERNS OF LANDSCAPE AND FIGURES IN THE QING DYNASTY (A PAIR)
HEIGHT: 29.5CM

漆罐为铜胎，髹以朱红、黄褐、赭色漆，罐体上部黄褐色扁回纹锦表示天空或旷远
之处，下部赭色双框朵花锦地表示近景处，朱红漆雕剔山水人物纹，无非是携琴访
友等文人娴雅生活小景。罐子有觚形高足，增添了罐子的仿古意趣和形式之美。

39 20世纪剔红花卉地开光人物纹双耳方瓶（一对）

高64.5、宽40厘米

SQUARE RED LACQUER VASES WITH TWIN EARS AND PATTERNS OF LIGHT-OPENING
FIGURES IN 20TH CENTURY (A PAIR)
HEIGHT: 64.5 WIDTH: 40CM

该对方瓶形制硕大，为剔红中少见的大件产品。以缠枝花为地，将主要纹饰分为三层：颈部，肩部，腹部。颈部由于有双耳，只有前后两个画面，均为八节如意形成的圆形开光内剔刻假山花卉纹。肩部与腹部开光内的人物纹互有关联，为《木兰辞》故事。颈部分别为"木兰当户织"、"问女何所思"、"旦辞爷娘去"、"寒光照铁衣"场景。腹部为木兰从军归来的画面，分别是"将军百战死，壮士十年归"、"爷娘闻女来，出郭相扶将"、"脱我战时袍，着我旧衣裳"、"出门看火伴，火伴皆惊忙"。由于刻画人物较多，费时费工，类似的大件很少生产，况且成对，弥足珍贵。

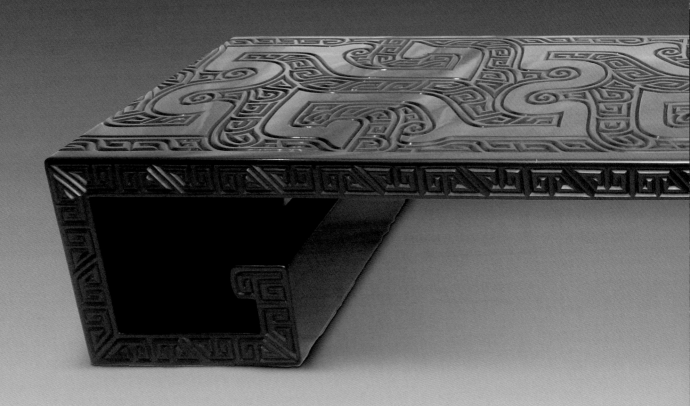

匠心

吕世良珍藏历代工艺品精选

41 **现代何俊明剔犀鼓形桌凳五件套**

桌直径68、高51厘米、凳直径29、高31厘米

A SET OF DRUM-SHAPED CARVED MARBLED TABLE AND STOOLS BY HE JUNMING IN MODERN TIMES

TABLE DIAMETER: 68 HEIGHT: 51; STOOL DIAMETER: 29 HEIGHT: 31CM

桌凳均为鼓形，北方称这种凳子为绣墩，传统样式。黑漆面，剔云钩或变体云钩纹。剔犀因其工艺复杂，多做小件器物，如此大件剔犀家具是对传统工艺的发扬光大。

42 现代剔红山水庭院博古纹瓶

高65.5、口径22厘米

RED LACQUER VASE WITH LANDSCAPE PATTERNS AND DESIGNS FEATURING ANCIENT
WARES IN MODERN TIMES
HEIGHT: 65.5 MOUTH DIAMETER: 22CM

漆瓶木胎，朱漆鲜亮，传统雕漆剔红工艺。口沿云纹折枝莲，颈部锦纹地上剔刻清供博古图。肩部纹饰为口沿纹饰的水平翻转。腹部锦纹地上剔刻山水庭院人物纹，极有古雅意蕴。

43　明代铜鎏金胡文明款莲纹小瓶

高12、足径4.2

SMALL GILDED COPPER VASE WITH LOTUS PATTERNS AND INSCRIPTIONS OF HU WENMING IN THE MING DYNASTY
HEIGHT: 12 FOOT DIAMETER: 4.2CM

唇口，长颈，悬胆腹，高足外撇。铜胎，花纹和口部、圈足鎏金。口沿下阴线刻变体回纹，余下大部分颈部钻珠地纹，地上浮雕卷草纹，卷草纹鎏金。颈腹转折处饰一条宽弦纹，鎏金。腹部亦钻珠地纹，地上浮雕缠枝西番莲，莲花鎏金。此种装饰工艺应该是摹仿漆器的戗金间犀皮，即攒犀。以戗金作花纹，纹内填金。花纹之外，以犀皮作地子。这种犀皮地子是用钻钻成密布的小眼，故又叫"钻犀"。漆器的纹饰和地子高差很小，铜器略大一些。底部无鎏金，錾刻"胡文明制"篆书款。

胡文明，明万历云间（今上海松江）人，著名工艺家，以制作铜鎏金文房用器见长，按古式制彝鼎尊卣之属极精。与正统宣德彝炉之崇尚线条、不重纹饰之风格迥异，喜于炉面镂出山水、法器、吉兽等图案，深受藏家喜爱。发誓技艺不授外人，时人称其制品为"胡炉"。

44 清铜鎏金錾刻花卉纹香具三件套

木架43×11.5、炉13×11.5、花插高9、盒径7厘米

A SET OF THREE GILDED COPPER INCENSE-BURNING TOOLS WITH CARVED FLOWER PATTERNS IN THE QING DYNASTY
WOODEN FRAME: 43×11.5 STOVE: 13×11.5 VASE: 9 BOX DIAMETER: 7CM

香事三件套由炉、瓶、盒组成。炉是主角，铜胎，局部錾花鎏金。炉有盖，镂空錾花缠枝花卉纹，纽为狮子绣球，盖面全鎏金，似为《长物志校注》所云"覆祥云"。炉身盘口束颈，口外沿刻回字纹，肩部浮雕双层菊瓣纹，均鎏金。炉腹扁圆，腊茶色皮壳，莹润雅致。狮首铺兽，单独制作另配炉体。四个海棠形开光内钻犀地錾折枝花，铺兽和纹饰均鎏金。耳珰形三足，鎏金。盒为扁圆形，盖面菱花形开光内，钻犀地錾刻折枝花鸟纹，盒身腹部錾细纹花鸟，圈足。瓶为花口长腹，口、颈均鎏金。腹部长条形开光内钻犀地錾刻折枝花鸟纹。圈足较大，类似倒扣的折腹碗，鎏金。座架虽为后配，然而精致和华丽不输瓶炉。以紫檀木为主料，镂雕浮雕梅竹纹和云蝠纹，局部镶嵌黄杨木，红白互衬。总架座上每件器物又单独配云雷纹座子，彰显其三事的尊贵。

焚香是宋明文人雅生活的重要组成部分，其中铜炉在明宣德时期达到新的顶峰，多次精炼的暹罗风磨铜铸炉，质朴无华，以形制古雅、精光内敛享誉古今。晚明云间胡文明等好制钻犀地鎏金花纹炉，为当时文人所不齿，文震亨《长物志》斥为"俗式"。所以，清早期康雍之时盛行朴素的宣德铜炉，然而乾隆时期复又喜好钻犀地錾花鎏金炉，晚明的"俗式"炉大行其道，甚至宫廷造办处也生产类似的款式。此焚香铜炉三事就是乾隆时期生产的仿晚明焚香三事，典雅华丽。

45 清铜脚炉

直径32、高20厘米

COPPER FOOT WARMER IN THE QING DYNASTY
DIAMETER: 32 HEIGHT: 20CM

脚炉以红铜为之，器形硕大浑圆，色泽古雅。盖子仿竹编纹样雕刻而成，提梁为双股活梁，材质厚实。此类提梁古朴雅致，出现的时代较早，应为清早期之物。

明代，用于取暖兼焚香的炉子很多，有袖炉、脚炉、手炉、被炉等，"以倭制漏空罩盖漆鼓为上，新制轻重方圆二式，俱俗制也"。可见这种民间常用的圆形漏空罩盖样式是从日本学来的，并且主要流行在民间。清代，这种简便有效的取暖方式并不因为朝代的更替而发生变化，反因距今时间较近而遗存物较多。

46 现代戴嘉林景泰蓝鹤舞九州觚颈瓶（一对）

高51、口径23厘米

CLOISONNE VASES WITH GOBLET NECKS FEATURING CRANES BY DAI JIALIN IN MODERN TIMES (A PAIR)
HEIGHT: 51 MOUTH DIAMETER: 23CM

瓶子铜胎，掐丝珐琅工艺，俗称"景泰蓝"。纹饰分六层，最上层淡蓝地牡丹飞鹤纹，寓富贵长寿之意；二三层均为绛红地如意花卉纹。上三层的形制与青铜觚相似。腹部淡蓝地牡丹、玉兰、松树、飞鹤等纹饰，有松鹤延年、玉堂富贵之意。五六层绛红地如意花卉纹。该对景泰蓝瓶在2011年中国传统工艺美术精品大展暨国际艺术博览会上获得"天工杯"中国传统工艺美术精品奖金奖。

景泰蓝并非始于明景泰年间，元朝就已烧制得非常成功，是随着元帝国扩张由伊朗一带传入中国的。明初曹昭《格古要论》记载"大食窑，以铜作身，用药烧成五色花者，与佛郎嵌相似。尝见香炉、花瓶、合儿、盏子之类，但可妇人闺阁中用，非士夫文房清玩也。"曹昭所说的大食窑即伊朗和阿拉伯地区工场，彼处是直接在铜胎上錾出花纹，然后填以釉药打磨而成。中国则用金丝在铜胎上焊接各种花纹轮廓，再多次填以各色釉药，打磨平整而成。最初主要在宫廷生产使用，以明景泰年间宫廷最流行，此时大多以蓝料作地，故称景泰蓝。清乾隆以后，民间也开始生产景泰蓝，后来成为北京主要传统工艺品。

现代戴嘉林李荣魁景泰蓝马到成功如意耳瓶（一对）

高56、口径20厘米

CLOISONNE VASES WITH RUYI-SHAPED EARS AND PATTERNS OF HORSES SIGNIFYING SUCCESS BY DAI JIALIN AND LI RONGKUI IN MODERN TIMES (A PAIR)
HEIGHT: 56 MOUTH DIAMETER: 20CM

瓶子为铜胎掐丝珐琅工艺，颈部以上似花口炉，蓝地缠枝莲纹，五只红蝠环绕合体字"招财进宝"。颈部微鼓，嵌红色玉石。肩部如意云肩花卉纹，腹部蓝地缠枝莲纹开光各种骏马纹，寓意马到成功。颈肩部三镶如意耳，嵌黑色玉石。该对瓶子在2012年第三届中华传统民族技艺精品博览会上获得"天工杯"中华传统民族技艺精品奖（综合类）金奖。

48 清黄杨木束竹状镇纸（一对）

长30厘米

BUNDLED-BAMBOO-SHAPED BOXWOOD PAPERWEIGHTS IN THE QING DYNASTY (A PAIR)
LENGTH: 30CM

黄杨属观赏植物，生长缓慢，质细，适合雕琢小件作品。镇纸以两截黄杨原料雕刻成两捆束竹，竹竿根根可辨，自然的弯曲、竹节处的小芽、竹管的空芯都毕露无余。即使捆绑的绳子和绳结也都交代得清清楚楚。置之案头，赏心悦目。

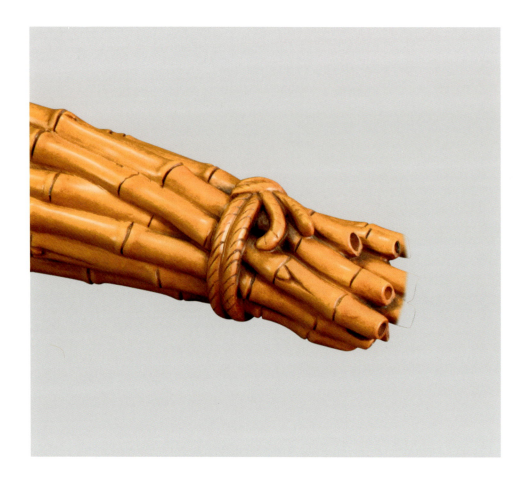

49 清翻黄竹如意

长32厘米

RUYI MADE OF BAMBOO WITH ITS GREEN COVERING REMOVED IN THE QING DYNASTY
LENGTH: 32CM

翻黄，也写作"翻簧"，一种竹雕工艺，取毛竹内壁二毫米的竹黄，煮晒压平后，胶合或镶嵌在竹或木胎上，磨光，刻上人物、山水、花鸟等。如意以木为胎，将竹黄粘贴其上，如意头上浅浮雕朱桃纹，中段如意框内浅浮雕"卍"字绶带纹，意为"万寿"，柄端浅刻蝙蝠纹。整柄如意体现了福寿的吉祥意义，为旧时祝寿的高级礼物。

50　20世纪上叶日本湘妃竹茶棚

高53.5、宽35.6、厚26厘米

MOTTLED BAMBOO JAPANESE TEA STAND IN THE FIRST HALF OF 20TH CENTURY
HEIGHT: 53.5 WIDTH: 35.6 THICKNESS: 26CM

茶棚柱枨均以湘妃竹为之，上层亮格三面围以湘妃竹冰纹栏板，台面和顶面以黑漆板铺设。中层为二门柜，门面也以湘妃竹拼接冰纹装饰，三面为黑漆板，黑漆光洁平整。下层为抽屉，抽屉面为黑漆板和湘妃竹拼饰，别具一格。

茶棚是日本茶道的收纳箱，日本茶道讲究"和、敬、清、寂"四字，茶具要擦得干净，收纳茶具的茶棚也讲究以一尘不染的黑漆面和格调高雅湘妃竹为之，使每一事物都符合"和、敬、清、寂"的茶道精神。

51 **20世纪上叶日本六边形湘妃竹茶盘**

口径36.5、高4厘米

HEXAGON MOTTLED BAMBOO JAPANESE TEA TRAY IN THE FIRST HALF OF 20TH CENTURY
MOUTH DIAMETER: 36.5 HEIGHT: 4CM

茶盘为六边形，底面平铺湘妃竹细条，其工艺是将湘妃竹一定厚度的表层取下，然后按一定的宽度裁开压平，平铺板上。因此，看似细条状，但竹的斑点基本完整，如同一截毛竹平展开来一般。斜面的工艺和底面一致。围栏以细小湘妃竹斗成，每一个单元实为如意头方形化。平底黑漆。

中国茶文化自唐宋传入日本，在日本"日常茶饭事"的基础上发展成为茶道，礼仪日渐烦琐，每一个环节都要求举止和敬，器具雅洁。因此保留下来的茶道用具都有一种古朴的精致。

匠心

吕世良珍藏历代工艺品精选

长71、宽28.5厘米

MOTTLED BAMBOO LEAF-SHAPED JAPANESE TEA TRAY IN THE FIRST HALF OF 20TH CENTURY
LENGTH: 71 WIDTH: 28.5CM

茶盘以硬木雕成芭蕉叶状，叶尖自然翻转，一面平铺细条状湘妃竹，背面刻叶子的茎脉纹，极具禅意。

日本茶道的精髓是禅，禅不仅体现在吃茶的仪礼中，也体现在每一件器物中，茶盘独独选中一叶芭蕉为之，正是对禅意的体现。陈寅恪先生《禅宗六祖传法偈之分析》中说"考印度禅学，其观身之法，往往比人身于芭蕉等易于解剥之植物，以说明阴蕴俱空，肉体可厌之意"。茶的苦涩体现了生命历程的禅意，蕉叶茶盘同样具有五蕴皆空的禅意，一切禅意都摆在了茶桌上了！

53 现代铜鎏金百宝嵌八吉祥纹三镶如意

长52.5厘米

GILDED COPPER RUYI INLAID WITH MULTIPLE JEWELS OF EIGHT AUSPICIOUS EMBLEMS
IN MODERN TIMES
LENGTH: 52.5CM

如意铜质，表面鎏金，瓦头锤鍱錾刻花卉纹，柄身锤鍱錾刻八吉祥纹。瓦头镶嵌青金石，青金石上以玛瑙、绿松石、珊瑚、岫岩玉、玉髓等材质嵌贴寿桃纹，传承了明代"周制"百宝嵌工艺。

54　20世纪红木嵌螺钿清供四屏

长118、宽36.5厘米

FOUR RED SANDALWOOD FOLDING SCREENS INLAID WITH SOFT MOTHER-OF-PEARLS AND PATTERNS OF DISPLAY TABLES IN 20TH CENTURY
LENGTH: 118 WIDTH: 36.5CM

挂屏四屏一堂，均为嵌软螺钿工艺。第一屏主体梅花博古清供纹，上区仙人骑鹤纹，下区为独占鳌头纹。四角福在眼前纹，四条相同。左边绶带法螺，右边绶带经卷纹。第二屏主体松树菊花博古清供纹，上区踏乘蕉扇仙游图，下区乘鲤跃龙门纹。左边绶带棋盘纹，右边绶带阮咸纹。第三屏主体月季博古清供纹，上区仙人骑凤纹，下区二甲传胪纹。边饰和第二条相同。第四屏主体荷花博古清供图，上区踏云飞仙纹，下区甲上独乐纹，边饰和第一屏相同。

嵌螺钿工艺肇始于西周时期，唐代是其第一个高峰，日本正仓院藏的唐代嵌螺钿漆器和铜镜是传世的实物证据。日本人学习了中国的嵌螺钿工艺，到宋代又传回中国，使宋人误以为"螺填器本出倭国"。这些精美器物所嵌的螺钿都是厚片，后人称之为"硬螺钿"。大约在元代已经能生产镶嵌薄螺钿的器物了，薄螺钿也称"软螺钿"，1966年北京元大都居住址出土薄螺钿广寒宫图黑漆盘残片是比较可靠的元代实物证据。无论是硬螺钿还是软螺钿，乾隆以前大多是嵌在黑漆地上的，黑白分明，色彩熠熠。晚清时期，宁绍一带流行用螺钿镶嵌白木家具，红木家具及屏类陈设品也出现嵌螺钿工艺，虽然不及黑漆地好看，也别有一番韵味。

55 现代髹漆百宝嵌梅兰竹菊纹插屏

高82、宽89厘米

LACQUERED TABLE SCREENS INLAID WITH MULTIPLE JEWELS AND PATTERNS OF PLUM BLOSSOMS, ORCHIDS, BAMBOOS AND CHRYSANTHEMUMS IN MODERN TIMES
HEIGHT: 82 WIDTH: 89CM

插屏的形制较大，以花梨木为框座，框内嵌四条小屏，小屏以黑漆为地，用硬木、螺钿、黄杨、岫玉、寿山石等材料，根据需要镶嵌梅兰竹菊四屏，纹饰下嵌岫玉题字，分别是"玉骨冰姿"、"空谷幽香"、"竹报平安"、"深秋菊艳"。背面为深蓝漆地彩漆绘山水纹。

镶嵌工艺起源于新石器时代晚期，其后的发展一般都是将镶嵌物打磨平整的。明代扬州人周翥首创了镶嵌物高出地子，然后再在嵌件上施以各种不同形态的毛雕，以增加图案的表现效果，民间称其为"周制"。又因镶嵌的材料种类多样，故而称其为"百宝嵌"。

56　现代蛇纹石百宝嵌博古纹插屏

连座高97、宽84.3厘米

TABLE SCREENS INLAID WITH MULTIPLE SNAKE-PATTERNED JEWELS AND DESIGNS
FEATURING ANCIENT WARES IN MODERN TIMES
HEIGHT: 97　WIDTH: 84.3CM

插屏形制硕大，以木为框座，整块蛇纹石为地，用骨、绿松石、螺钿、岫玉、寿山石、木材、景泰蓝等镶嵌清供纹样，左上边嵌螺钿行书题字"心作良田百世耕，善为玉宝一生用"。背面金彩山水纹。

类似大小的屏，故宫博物院旧藏一般都做成挂屏式，名贵硬木为框，传统髹漆为地，嵌材多为和田玉、玛瑙、碧玺、青金石、珊瑚、染色象牙、螺钿等。后来贵重的嵌材难得，以普通的岫岩玉、寿山石等替代，仍不失为高档陈设器具。

57　20世纪细钩填漆八吉祥纹圆盒

直径21、高8.5厘米

LACQUERED THIN BAMBOO STRIP BOX WITH FINE INLAYS OF EIGHT AUSPICIOUS
EMBLEMS IN 20TH CENTURY
DIAMETER: 21　HEIGHT: 8.5CM

竹编制为漆器胎骨，盒边髹暗朱红漆，尽露编织竹丝纹。盒面在莀胎上髹大红朱漆，然后细钩纹饰，并填以黑、绿、黄、红等色彩。边饰为回纹，填黑漆；中心牡丹花，亦填黑漆；花的外围为四朵连环的绶带如意云，细沟内为竹本色，平面填暗红漆；绶带下挂贯套，端部悬挂夔龙纹钟，四口钟的漆色各异，分别为黑、黄、红、绿；钟之间饰俩八吉祥。八吉祥，又称佛教八宝，象征佛教威力的八种物象，具有吉祥意义，分别是轮、螺、伞、盖、花、罐、鱼、长。明、清莀胎漆器颇为常见，以盘、盒为多，浙江、福建一带生产。

58　现代紫檀木百宝嵌画盒（一对）

长44、宽9、高8厘米

ROSEWOOD PAINTING BOXES INLAID WITH MULTIPLE JEWELS IN MODERN TIMES (A PAIR)
LENGTH: 44　WIDTH: 9　HEIGHT: 8CM

画盒长方形，紫檀木，盒身四面刻"卍"字锦。抽拉式盒盖，盖面松鹤纹，树干在盒盖的原材上减地浮雕，用岫岩玉、玛瑙、骨表现松针，鹤以螺钿、玛瑙、珊瑚拼嵌，云纹则骨片为之。整个画面仍是传统的松鹤延年纹样。

59 **20世纪大理石万象皆春插屏**

通高64、宽48厘米

MARBLE TABLE SCREEN FEATURING SPRING SCENES IN 20TH CENTURY
HEIGHT: 64 WIDTH: 48CM

框座以红木为之，屏嵌山水纹大理石，左上边行书"万象皆春。丙戌年仲夏"，印章"石"。背面红木盖板白文隶书"吉"字。屏扇下绦环板减地浮雕夔龙纹和变体寿字纹，披水牙子减地浮雕半回纹和朵梅纹。大理石插屏是晚清流行至今的陈设家具，行云流水般的石纹给人以无限的遐想，深受民众喜爱。

60　现代髹漆百宝嵌岁朝清供纹圆插屏（一对）

高61、圆屏直径36.5厘米

ROUND LACQUERED TABLE SCREENS INLAID WITH MULTIPLE JEWELS AND PATTERNS OF DISPLAY DESKS IN MODERN TIMES (A PAIR)
HEIGHT: 61 DIAMETER: 36.5CM

插屏以红木为框座，圆形屏，须弥式座架。红漆地镶嵌岁朝清供纹，嵌材有螺钿、青金石、黄杨木、绿松石、寿山石、玉、木等，色彩缤纷，富贵华美，是对百宝嵌工艺的传承。背面红漆地上金漆彩绘山水纹，适宜陈设厅堂双面观赏。

61 现代冯文土海南黄花梨木雕"别有洞天"摆件

连座高62厘米

CARVED PEAR WOOD DISPLAY ORNAMENT FEATURING "JOURNEY INTO AMAZING CAVES" BY FENG WENTU
HEIGHT: 62CM

作品原料为海南黄花梨树桩，利用树桩空心的缺陷，雕了八仙人物，最有仙气的要数韩湘子了，骑鹤吹箫，立于顶端的松树上。原配瘿木座子，为同一棵树生物。作品下部落款行书"别有洞天"，楷书"中国工艺美术大师冯文土"，篆书白文"冯文土"章。底座篆书"别有洞天"。该作品获"神雕杯"金华市第二届传统工艺美术精品展览会金奖。

高393、直径150厘米

LARGE CAMPHORWOOD CARVING FEATURING "FIVE THOUSAND YEARS OF CHINA" BY FENG WENTU IN MODERN TIMES
HEIGHT: 393 DIAMETER: 150CM

作品以千年老樟树原木为载体，外表减地深浮雕 "自从盘古开天地，三皇五帝到如今" 各个历史时期的开国之君和名臣，人物神情飒然，衣袂飘然。每一个局部都较好地利用树表自然形成的空穴来谋划布局。老樟树本已空心，作者另取樟木圆雕女娲补天，辅以现代机械，女娲会缓慢转动，使古代木雕艺术和现代观赏雕塑艺术的珠联璧合。中部落款行书 "华夏五千年"，文字填绿漆，左下长方印 "亚太手工艺大师国大师冯文土"。华夏五千年体量庞大，人物众多，在冯文土艺术生涯中具有里程碑意义。

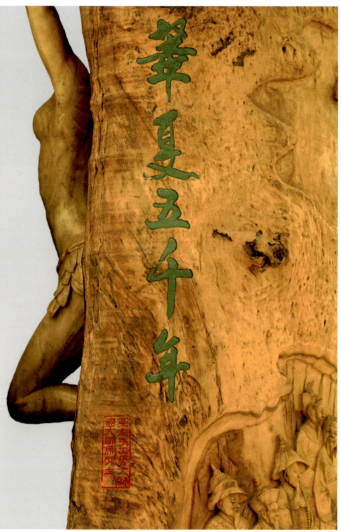

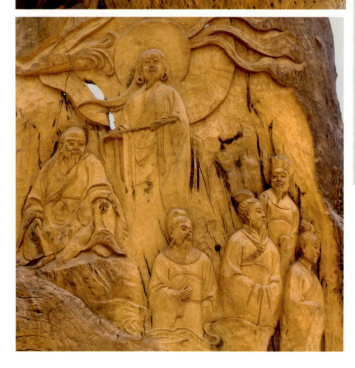

63 现代冯文土"把根留住"大型根雕

高292、宽430厘米

*LARGE WOOD CARVING FEATURING "KEEPING THE ROOTS" BY FENG WENTU IN MODERN
TIMES*
HEIGHT: 292 WIDTH: 430CM

作品以大型树根为原料，通过对原树根的清理，略事雕琢，精心打磨，展现了自然
生物匪夷所思的盘根错节的变幻，姿态万千，每一局部都能想象出某种物像，还见
仁见智。自然生物的奇妙，从根开始，错综复杂自有其道理，留住了根本，一切会
重新开始。中部落款隶书"把根留住"，文字填绿漆。左下方长方印"亚太手工艺
大师国大师冯文土"。

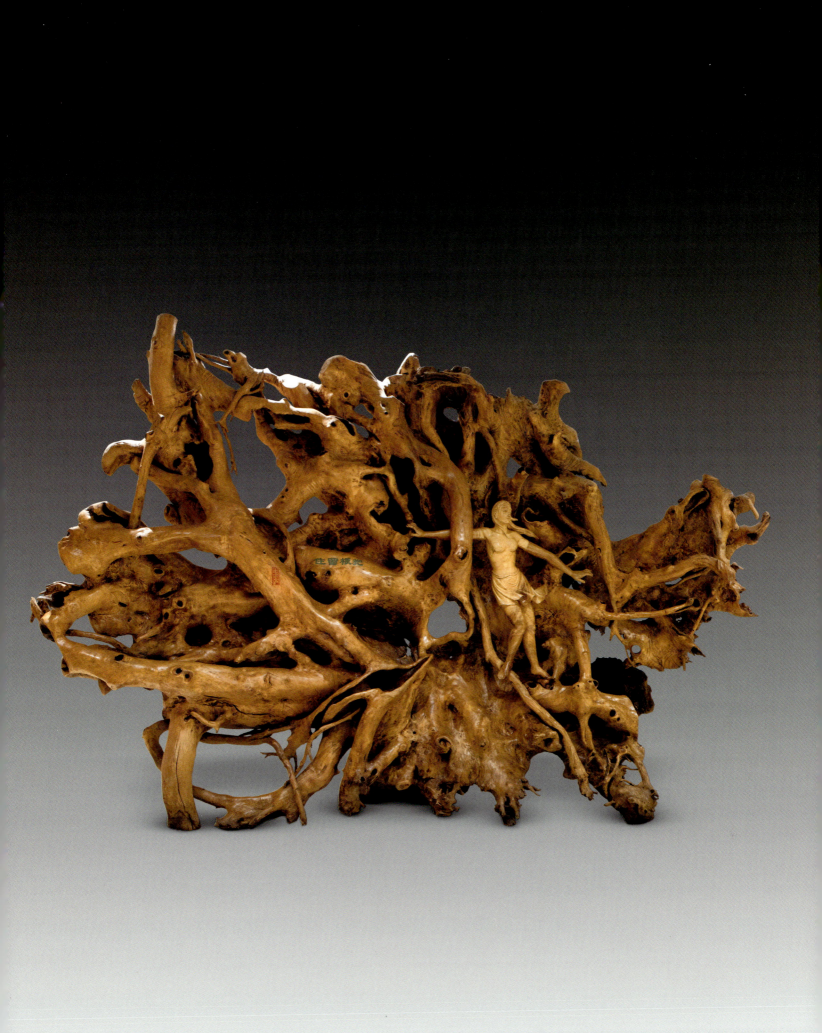

64　现代徐永平大红酸枝木雕"羲之爱鹅"摆件

高109厘米

LARGE CARVED SIAM ROSEWOOD DISPLAY ORNAMENT FEATURING "WANG XIZHI'S LOVING OF GEESE" BY XU YONGPING IN MODERN TIMES
HEIGHT: 109CM

作品以硬木大红酸枝为原料，借鉴现代雕塑工艺，塑造了手持经典的王羲之形象，脚边两鹅振翅向前。作品并不精心打磨，许多地方故意留下斧凿之痕，以增强作品的力度和沧桑感，体现了传承与创新的艺术精神。左侧下方落款行书"羲之爱鹅，癸巳年（2013年）杏月，永平作"，章"徐永平印"。该作品在第三届中国·浙江工艺美术精品博览会上获"明清居杯"银奖。

徐永平，1973年生于浙江东阳，中国木雕状元，高级工艺美术师，高级技师，从事木雕创作30年，师承亚太手工艺大师、中国工艺美术大师冯文土先生。近十年来多次参加国际木雕现场创作大赛，获特别金奖，特别创意奖，全国与省级工艺美术博览会金银奖30多项。

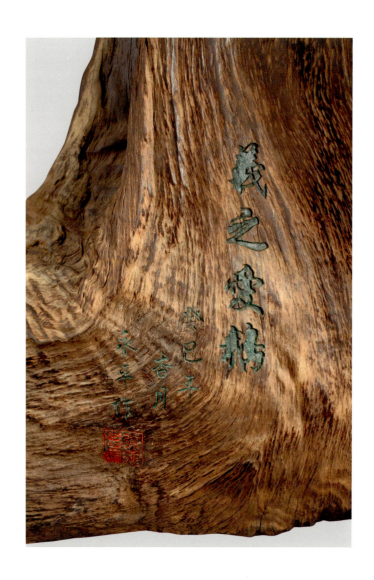

长130厘米

CARVED LOBULAR RED SANDALWOOD DISPLAY ORNAMENT FEATURING "PARADISE ON EARTH" BY FENG WENTU AND XU YONGPING IN MODERN TIMES
LENGTH: 130CM

取材一段小叶紫檀原木，圆雕或半圆雕36个不同年龄、不同神态的人物，他们雅集一处，或烹茶品茗，或纹枰对弈，或谈经论道，或即兴挥毫，忘却了天上人间。紫檀为硬木，密度非常高，雕琢很是不易，要生动传神更是难上加难。右下方落款楷书"天上人间"，细白文"冯文土"章，细白文"徐永平"章，篆书朱文"中国木雕状元徐永平"章。是冯文土、徐永平师徒二人合力打造的木雕艺术精品。该作品原名"琴棋书画"，在第四届中国·浙江工艺美术精品博览会上获"中信杯"金奖。

66 现代檀香木雕松荫高士图山子

高44、宽22厘米

SANDALWOOD SANZI FEATURING CARVED HERMIT-SCHOLARS UNDER PINE TREES IN
MODERN TIMES
HEIGHT: 44 WIDTH: 22CM

作品原料为檀香木，木质细腻，宜于木雕创作。木雕构图深远宏阔，重峦叠嶂的远山，却有古道通达，近处巨松蔽日，树荫下五位老者或抚琴，或赏画，或纹枰对弈，宛如仙人。细腻的质地，微黄的色泽，稍事打磨，尽显木雕纹理的意趣。作品因是原木雕琢，宜于四面观赏。作品无落款，为王建洪创作。

王建洪，1975年生于浙江义乌，师从金心明、陶洪寿，曾先后在广东、福建交流学习木雕技艺。代表作品为供奉在桐乡千年古刹福严禅寺的五百罗汉，每一尊的高度都达138厘米，用千年香樟木雕刻。

67 现代徐永平越南黄花梨木雕白菜摆件

高86、宽50厘米

*CARVED VIETNAMESE PEAR WOOD WHITE CABBAGE DISPLAY ORNAMENT BY XU
YONGPING
HEIGHT: 86 WIDTH: 50CM*

作品原料为越南黄花梨老树桩，作者利用老树桩自然的空心和斑驳，略加雕琢，便有了白菜的皱褶和凹凸点，以及虫蚀斑。黄花梨边材和芯材色泽相去甚远，作者利用其差别表现菜叶的翻转变化，使整棵白菜活灵活现。

传统东阳木雕用料以白木、樟木为主，不讲究木料的贵贱，几乎不用贵重的硬木，多以雕工取胜。徐永平先生突破传统用料的藩篱，大量使用木质更坚致、细腻的贵重硬木，虽然在凑刀上更加困难，但在质感上有普通白木无法企及的效果，也增加了整件作品的含金量。符合《考工记》所云"材有美，工有巧"的良品标准。

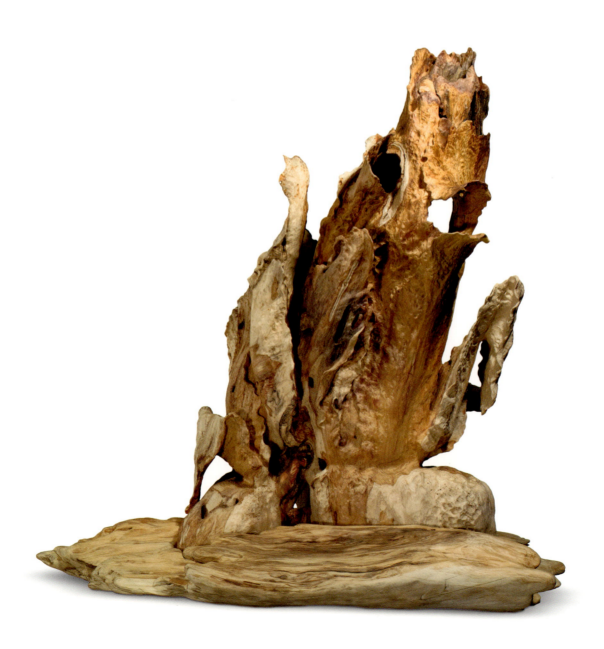

高156、宽156厘米

CARVED ROSEWOOD DISPLAY ORNAMENT FEATURING "PROPAGATING DOCTRINES" BY
FENG WENTU AND XU YONGPING
HEIGHT: 156 WIDTH: 156CM

作品用料为缅甸花梨木，色泽红润，纹理华美。作者取材似为有意用主干丫杈之处，以表现传道之处的非同一般。作品圆雕一持杖老道正在向童子叙述什么，童子双手置于背后，一手持经卷，一手似乎在掐指记忆什么，边上的仙鹤似在告诉人们老道的道行绝非一般。右下方落款"传道，癸巳年季春，永平作"，章"徐永平印"，长方印"亚太手工艺大师国大师冯文士"。该作品在第三届中国·浙江工艺美术精品博览会上获"明清居杯"金奖。

现代冯文士徐永平花梨木雕"传道"摆件

69　现代冯文土沉香木雕"乐园"摆件

高98厘米

CARVED EAGLEWOOD DISPLAY ORNAMENT FEATURING "PARADISE" BY FENG WENTU IN MODERN TIMES
HEIGHT: 98CM

作品选取沉香木树桩的一段，丫杈之上雕松鼠葡萄纹，松鼠跳跃觅食，欢快异常。古代鼠为金鼠，财富的象征；葡萄多子，且藤蔓延绵。组合在一起就是多子多福、子孙万代的吉祥意义。下部减地浮雕楷书"乐园"，篆书委角长方章"中国工艺美术大师冯文土"，自然形章"冯文土"。底座以缅甸花梨木为料，浅浮雕卷云纹，刀法随云纹舒展自如。

现代冯文士"香山九老图"根雕

高126厘米

*ROOT CARVING FEATURING "NINE ELDERLY FIGURES OF THE FRAGRANCE HILL" BY FENG
WENTU IN MODERN TIMES*
HEIGHT: 126CM

作品原料为越南黄花梨木，作者利用老树桩的态势，山下最宽处雕刻七位人物（一位是茶童），相聚一处谈经论道。半山腰石洞口两位高士在对弈，右边一老者独立崖边观赏景色，姿态挺拔悠然。由于黄花梨等硬木油性强，稍事打磨，便有自然柔和的光泽，胜似一般的白木木雕。

"香山九老"说的是唐会昌五年，白居易等九位文人墨客在河南洛阳香山聚会宴游的故事。

71 现代徐永平黄花梨木雕 "世外桃源" 山子

高64、宽112厘米

CARVED PEAR WOOD SANZI FEATURING "A LAND OF IDYLLIC BEAUTY" BY XU YONGPING IN MODERN TIMES

HEIGHT: 64 WIDTH: 112CM

作品原料为一硕大的海南黄花梨树桩，适合表现盛大的场景。作者从左下方误入桃花源竹篷船为起点，向右向上展现桃花源人家渔樵耕读的欢乐景象，更有小儿在一边无忧无虑的骑竹马、耍拨浪鼓。中间的房舍还雕刻了内部的家具，真是无微不至。底座也是原配的同树之料，略加雕琢，便有云纹与木纹相谐表现。左边落款"世外桃源，丁酉年徐永平作"，章"徐永平"。此大型木雕历经三年，2017年始告完成。是徐永平硬木木雕工艺理论的再次实践。该作品在第七届中国·浙江工艺美术精品博览会上获金奖。

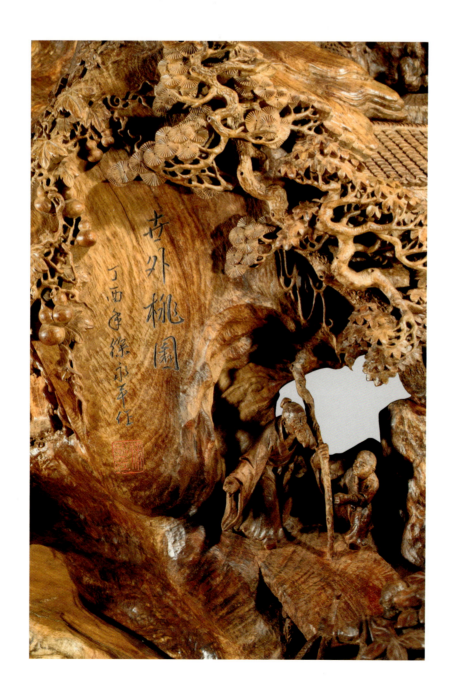

高127、宽695厘米

CARVED BASSWOOD HORIZONTAL PANEL FEATURING "NINE DRAGONS AND THE SUN" BY FENG WENTU IN MODERN TIMES
HEIGHT: 127　WIDTH: 695CM

横屏椴木材质，质地细腻，利于表现纹饰的细部。高浮雕云龙纹，左下方雕高山以示龙舞九天，中间雕光芒四射的太阳。左边落款"九龙中日"，印章"中国工艺美术大师冯文土"。

冯文土花梨木雕"义乌精神"挂屏

高220、宽400厘米

CARVED ROSEWOOD HANGING PANEL FEATURING "SPIRIT OF YIWU" BY FENG WENTU IN MODERN TIMES
HEIGHT: 220 WIDTH: 400CM

作品原料为缅甸花梨木，缅甸花梨木因开发较晚，有比较宽的板材，适宜平面雕刻。挂屏是为日信国际大酒店大堂量身定制的，似向每一位入住酒店的客人叙说义乌的今天是以往延绵不断的"义乌精神"铸就的。

作品主要以浮雕、镂雕技法刻画了义乌精神的三个核心内容：勤耕好学；刚正勇为；诚信包容。大面积雕刻，谋篇布局第一要紧。三块内容本来相对独立，作者却用义乌的山川良田、农夫耕牛为背景，将其贯联。每一块内容的主题词镌刻在牌楼或门楣上，即应景又有告诫人们出入都要以"义乌精神"为本。左上角落款"义乌精神，壬辰年（2012年）冬，冯文土"，章"冯文土"。

冯文土花梨木雕"义乌精神"挂屏

图书在版编目（ＣＩＰ）数据

匠心：吕世良珍藏历代工艺品精选 / 浙江省博物馆编.
—— 北京：文物出版社，2017.10
ISBN 978-7-5010-5260-8

Ⅰ．①匠… Ⅱ．①浙… Ⅲ．①手工艺品－收藏－中国
Ⅳ．①G262

中国版本图书馆CIP数据核字(2017)第241428号

匠心——吕世良珍藏历代工艺品精选

编　　者：浙江省博物馆

责任编辑：贾东营

摄　　影：宋　朝

责任印制：陈　杰

出版发行：文物出版社

社　　址：北京市东直门内北小街2号楼

网　　址：http://www.wenwu.com

邮　　箱：web@wenwu.com

经　　销：新华书店

制版印刷：北京图文天地制版印刷有限公司

开　　本：1270×965　1/16

印　　张：11.5

版　　次：2017年10月第1版

印　　次：2017年10月第1次印刷

书　　号：ISBN 978-7-5010-5260-8

定　　价：220.00元